結連，一輩子

謝拉·凱利 等著

結連，一輩子
作者／謝拉・凱利等
譯者／蕭俊傑、李秀芳
總編輯／馬鎮梅
責任編輯／陳俊珊
美術設計／劉碧雲
出版發行／突破出版社
香港沙田亞公角山路33號突破青年村
電話：2632 0000　傳真：2632 0388
電郵：breakthrough@breakthrough.org.hk
網址：http://www.breakthrough.org.hk
http://www.btproduct.com
承印／陽光印刷製本廠
2011年10月初版1刷

Six Habits of Highly Connected People
by Gerard Kelly with Ben Wickham
First Printing, First Edition, October 2011
ISBN 978-988-8073-47-4

歡迎加入突破書籍 Facebook — http://www.facebook.com/btbooks
本書採用環保油墨印刷

在「**想**」和「**faith**」相會之處，開拓前行的方向……

目錄

序 | 約翰・阿卻爾

當你踏進戲院，正要把電話關掉，好能專心欣賞電影之際，它卻偏偏響起來，這是極之惱人卻又經常發生的事情。可幸的是，今回電影《紐約風雲》還未開始播放，那羣黑幫尚未走出來尋仇，廣播仍在建議大家到大堂買點小食，電話便響起來，我接了那通電話，並想着要儘快掛斷。「約翰，你好，我是賓。是這樣的，謝拉和我寫了一本書，想知道你能為這書的開首寫幾個字嗎？」「當然沒問題，幾個字而已……」賓停了半晌，說：「約翰，不是真的幾個字，我們想找你寫一篇序言，放在書的開首。」這回輪到我沉默了。銀幕上已出現勸籲觀眾關掉手提電話的畫面，每個人看來都準備就緒，迎接電影開場的一幕。「好，沒問題，把稿件電郵給我吧，再見。」我告訴大家接受這次邀請的經過，是希望你們不要誤會，以為這些對話都會在瑞士阿爾卑斯山上的教會退修營中，一面品嚐芝士火鍋和咖啡，一面發生。

我常常會想，〈序〉究竟有什麼作用。對我來說，〈序〉就像電影預告片一樣，要能吸引和鼓勵讀者閱讀那本書。若真如此，它該是一段聲音低沉、沙啞的旁白——

「正當你以為一切安穩，是時候去選擇自己的人生，我們要向你提出……六個能改變世界的習慣。」

首先，讓我告訴你一些關於兩位作者的事。我於不同時期在 Spring Harvest 認識他們，要是同一時間認識他們倆，我想我該應付不了。他們是截然不同的兩類人，賓・韋翰（Ben Wickham）年輕、高佻、俊俏，且充滿活力；至於謝拉・凱利（Gerard Kelly），他常常能刺激我去思考。然而，兩人有一個相似的地方 —— 他們都是十分主動、積極的人。他們合力寫了這部精彩的作品，挑戰你深入思考生命中一些最根本的問題，包括：你是誰？你所作的是什麼？你為什麼作這些事？

讀過他們電郵給我的稿件後，我開始想着要如何把書的要點概括起來，突顯其中精彩之處，好能吸引讀者翻閱此書。

第二天，我應邀出席英國中部一所教會的啟發課程（Alpha course）的課前交誼聚會，進行一個「表演」（這是我工作上的術語），我的職責是以慣常的把戲吸引會眾，逗他們笑，接着是妙語連珠又發人深省的個人見證分享。這些「表演」我已做過上千遍了。那個晚上，正當我為孩子們簽名的時候，一個年約四、五歲的小女孩在我附近徘徊，然後站到我面前，舉起雙手。之前，我已留意到這個女孩，她不時離開自己的母親，走到台前盯着我。一個較年長的女孩發現我不明白那是什麼意思，便說：「她想你抱抱她。」我看着這個小女孩，腦中閃過各種有關侵犯兒童的問題。小女孩繼續對我微笑，並把雙手舉得再高一點。只是抱一抱，沒什麼大不了吧，況且四周都有人望着可以作證。於是，我就彎身抱起她，並作好心理準備，隨時會有英國空降特勤隊（Special Air Service）滑翔來到，把我制伏。小女孩牢牢的環抱着我的頸項，這時我看到她的母親正站在會場的另一方，滿眶淚水地對我微笑。我放下小女孩時，她報以一個燦爛的笑容，並跑回母親身邊。

我收拾好道具，正準備離開之際，一位老太太走來對我說：「你剛才抱起的小女孩是我的鄰居，過去她們從不上教會。她的媽媽託我向你道謝，她的丈夫，就是小女孩的父親，十八個月前過世了，自那時起，小女孩不曾被男性擁抱，你是第一個。」霎時間，我不知要如何反應，只說：「噢，那真好。」當我鑽進車廂，在駕車回家的幾個小時裏，我的眼睛不時充滿淚水，就像小女孩的母親那樣。

那個晚上的焦點，不在於我那些把戲和笑話，或是那個細心雕琢、發人深省的見證；主角是那個擁抱，一個來自神的擁抱，祂擁抱了我，也擁抱了那個小女孩。當我再細想本書的內容，就更明白箇中意思 —— 我只是一扇通往上帝的門，我駁上了電源，跟上帝接通了，我感到何等滿足。神親自成就祂的使命，而我是被祝福的那一個。

我願意成為那頭完全獻上自己的豬。開始閱讀這本書，你便會明白我的意思⋯⋯

前言

荊棘中的呼召

你願意跳這支舞嗎？

約翰．連儂（John Lennon，搖滾樂隊「披頭四」成員）英年早逝。在他離世數十年後，遺孀小野洋子（Yoko Ono）跟他的前事業拍擋保羅．麥卡尼（Paul McCartney）依然水火不容，衝突多不勝數。最近一次，是關於連儂和麥卡尼在作品上的排名，一直以來，他們都是以「連儂 / 麥卡尼」這方式出現在作品上，如今麥卡尼要求，凡他擔當主力的歌曲，都改成「麥卡尼 / 連儂」，但連儂太太半步也不肯退讓。我們這些旁觀者一面留意事態發展，一面禁不住慨歎，這對舉世聞名的歌曲創作拍檔，竟因一點意見不同，破壞彼此的關係。

建立關係並不容易，而維繫關係更是艱難。儘管如此，人類歷史上大部分美好的事物，很多時是透過夥伴合作而產生。優秀的合作夥伴所能擦出的火花，絕不是他們獨自能做到的事情，有些效果是在互動中才能產生。一個人當然可以完成創作，也能感動他人，但惟有通過合作與配搭，才能創造出驚天動地的事情。一如汽油接觸到火花，完美的夥伴關係定必能發熱發亮。

上帝的使命——揭示創造主如何為受造物付出愛，是一個關於夥伴合作的故事。上帝不是獨自跳舞，相反，祂邀請我們與祂共舞；祂向我們發出的邀請是：以祂的使命為自己的使命，並參與在祂的救贖計劃之中，經歷一趟獨特的人生旅程。這使命的本質，既不是上帝單獨的作為，也不是人類能獨自完成的工作，乃是要神人携手去成就的事；這並非在於神不能，而是祂的選擇——創造主策動這個使命，同時祂選擇由自己所創造的人類去完成這個使命。

挪亞、亞伯拉罕、摩西、耶穌，都是蒙上帝呼召，踏上舞台，在聚光燈下，為人類的緣故與上帝共舞。惟有與創造主同工，我們才能活出生命的本意。上帝要將祂的恩典、憐憫、寬恕和自由，賜予那個祂所創造、卻朽壞了的世界，同時邀請我們與祂携手將天國的美善帶到人間。祂是那位獨行奇事、大施憐憫的主，但祂卻容許我們在這個施恩計劃中有分。祂策動，我們執行。

本書是要探索創造主邀請我們進入的夥伴關係，關係的核心可以用「連結」這個比喻來形容。連結，就像電器和主電源連接起來，或者電話和它的服務網絡連結；而在人類世界當中，每一個人，以至每個羣體，都能與上帝的計劃和旨意「連結」起來，道理如出一轍。

電腦界曾經流傳一個故事。早年一個硬件技術支援熱線接到一通電話，求助者告訴那個不甚耐煩的工作人員，他的電腦壞了。工作人員問他:「你在屏幕上看見什麼？」他答道:「什麼也看不見。」接下來的對話，大概是這樣——

「那……你確定顯示屏已接駁到中央處理器嗎？」

「什麼是顯示屏？」

「即是有螢幕的部分。」

「什麼是中央處理器？」

「就是電腦的主要部分。顯示屏和中央處理器應該由一條電線連接起來的。電腦接上了電源嗎？」

「我不知道。」

「為什麼？」

「因為我看不見電腦。」

「為何看不見？」

「因為燈沒有亮着。」

「那開燈不行嗎？」

「不行，因為停電了，整棟大廈都沒有電。」

「哦，我明白了。那你有沒有保留購買電腦的收據，以及電腦送來時的紙箱？」

「有。」

「好，請你把電腦放進箱裏，並送回你購買電腦的那家門市。」

「我的電腦真的壞得那麼嚴重嗎？」

「倒不是，但你要告訴售貨員，自己實在笨得離譜，不配擁有電腦。」

沒有接駁電源，電腦就無法操作，即使它的規格和價錢有多高，功能真的如推銷員説的神奇。就是那些利用電池運作的電腦，亦先要接上電源來儲電。家中的電器也一樣，沒有電源就運作不了，只是，我們實在太習以為常，以至我們甚少留意電力的存在；但實情是，我們所住的房子都要接上電源，才可運作。

話説在數碼時代之前，有一名自信無比的吸塵機推銷員，他的工作範圍包括蘇格蘭高地。一次，這名熱衷於鼓吹使用伊萊克斯電器產品的推銷員來到一家偏遠的農舍。甫踏進客廳，他二話不説，就把一袋灰塵倒在地毯上，繼而指着那個吸塵機，説道：「太太，我跟你説，要是這吸塵機不能在兩分鐘內清理好地毯上所有塵粒，我就給你逐粒塵吃掉。」誰知老婦人回答：「那我得先給你拿一隻湯匙……這房子根本沒有電力供應。」

東方神祕主義認為健康和有效率的人都是經過「操練靈性」的人，他們能從內心找到平靜、安詳與和諧，繼而能推動世界和平。不過，歷史告訴我們，世界的改變並非源自這羣「操練靈性」的人，而是那些與上帝「結連」的人。這些人被上帝深深觸動，緊繫於這個遠超一己能力的源頭，並以祂的供應來豐富世界。他們的生命注入了從神而來的火熱，能為身邊的人和事帶來改變，成為別人進入恩典的起點。他們緊連於上帝的旨意，這直接影響了他們的選擇、方向、建立和維繫的關係，從此人生有了不一樣的意義。他們本身不曾擁有源於主的豐盛，但卻能經歷那豐盛。上帝愛的樂章響徹大地，這獨獨是祂的作為，但與祂結連的人可以擔當指揮棒，捕捉並為世界送上神的大能，將上帝和人類的生命連繫起來。

只要你願意，這就是你的使命

神學家常用「神的使命」（Missio Dei）這個拉丁文詞彙來說明「結連」的性質和所涵蓋的可能性——上帝在人類世界作工，並尋找那些願意為世界的救贖和重生而與祂同工的人。支離破碎的世界可不是人類終局的最後判語，因為上帝說：「我將一切都更新了。」（〈啟示錄〉21：5）祂呼召我們參與在神人所立的約當中，贏回墮落的世界。「神的使命」不單單指向祂的權能，還有祂創造的本意和那本於愛的旨意，以致祂一直注目於所創造的世界，並全心渴望她能回歸美善。這是貫穿整部《聖經》、並將舊約和新約兩個部分連接起來的中心思想，完整地展現了上帝的旨意。

在《施行救恩，直到地極——聖經中的宣教神學》（*Salvation to the*

Ends of the Earth: A Biblical Theology of Mission）一書中，安得烈亞斯·科斯坦伯格（Andreas J. Kostenberger）和彼得·歐布萊恩（Peter T. O'Brien）斷言，神的使命是整部《聖經》的核心信息：

> 神定意要將救贖的恩典伸延至地極，這是《聖經》自開首的一卷至終末的一章所要表達的要旨。神對世界的旨意首先出現在〈創世記〉第一章有關創造的描述，接着亞伯拉罕的呼召確切地道出了上帝與地上萬邦的關係（參〈創世記〉12 章），最後《聖經》以這個異象作結：「有許多的人，沒有人能數過來，是從各國、各族、各民、各方來的，站在寶座和羔羊面前⋯⋯大聲喊着説：『願救恩歸與坐在寶座上我們的神，也歸與羔羊！』」（〈啟示錄〉7:9-10）上帝拯救全人類的計劃構成了《聖經》敘事的重要框架。[1]

因着這個使命，我們得與神結連，這使命完完全全地表達了祂的心思意念，和祂所在乎的事。

> 使命並非由教會來界定，而是上帝；是祂的使命模造了教會，而不是教會模造使命 。
>
> *連納德·遂特[2]（Leonard Sweet）*

我要成為一扇門……

電影《怪獸公司》有這樣的一幕：幾位被迫上陣的英雄 —— 兩頭可怕的怪獸和一名小孩，發現自己身處兩個世界的交匯處。眼前是一整列睡房的門，這些門由一個複雜的系統控制，成千上萬的齒輪和輸送帶咔嚓咔嚓的運作，推動着一道又一道仿如翩翩起舞的房門，紅的藍的，新的舊的，殘破而滿布抓痕的門上刻有孩子的名字，也有一些畫上精緻的圖案或雛菊的花樣。 這些門不停移動，穿來插去，門後是一間又一間昏暗的睡房。不過，這裏可不是那些讓人動手設計家居的新興購物倉，這些門亦非一般大型傢具公司貨架上的產品。每一道門都是一個入口，可以進入人類的世界，那就是孩子的睡房，在那裏孩子會被可怕的怪獸嚇怕，因而驚叫起來。門的兩邊互通，把兩個世界、甚至是兩個空間連接起來。

這混亂又色彩繽紛的一幕，正好描繪出上帝的國度是如何運作這幅美麗的圖畫。在一個超乎我們所知所見卻又真實存在的國度裏，上帝的計劃已經立定，並且展開，要為世界帶來祝福；而在人類的一方 —— 困乏不足的世界，正大聲呼喊，想要得着這些祝福。兩者之間，能把人類與上帝的國度連繫起來，完成上帝使命的，正是與上帝結連的人。在《怪獸公司》裏，連接兩個世界的是門，而在神的國度裏，成就這個結連的則是人。神極大的憐憫能化成一杯涼水，透過與祂結連的人，傳遞給乾渴的靈魂；藉着他們，神的使命——天國降臨在人間——在地上得到實現，這是基督徒的核心召命。跟隨基督的呼召，就是被召與上帝結連。

成為那一扇門

試想像你正站在一道關上的門面前，你認為這道門會是什麼模樣？是修飾過，還是平平無奇？這是門內，還是門外？

現在，把門的位置構想為天國和世界之間的交匯點，而你是站在天國的那一方，等着要跟世界結連。這道門其實就是你——你的生活、恩賜、才能，還有你的夢想。上帝希望透過你與祂的創造結連。

現在就把門打開。門後是誰？那是一個怎樣的地方？透過你，上帝會與誰結連？

受造、被召、結連

當你進一步探索「神的使命」這概念時，你會發現，自己正與教會一眾弟兄姊妹一同釐清個人在使命中的角色，同時亦更能明白「結連」正是信徒召命的核心，沒有比與上帝結連更重要的目標，也沒有比與上帝保持連繫更令人欣羨的狀態。即使最偉大的宣教事業，要是沒有連結於上帝的使命，一切都是徒然；相反，一旦與神結連，就是最微不足道的善行亦會變得功德無量。最澎湃的熱忱，要是沒有跟上帝的熱情結連，只會帶來破壞性的後果；最崇高的目標，要不是連於上帝的旨意，就無法造就生命。沒有結連，上百萬的捐獻和花費，只會徒勞無益；與上帝接通了，就連寡婦的兩個小錢也能感動天國，改變世界。

就像《衰鬼線人》一劇談論的夢想成真，世界上充斥着盼望與上帝結連的人。然而，結連，同時意指上帝的呼召、呼召的內容和結果，還有上帝的使命得以成全。若果你正在追求活出基督追隨者的生命，連結於上帝是十分重要的，因為——

與上帝結連是我們的使命。上帝已經展開祂在世界的工作，並希望每個人在祂的計劃中找到自己的位置和目標。我們都是細小的器皿，只能儲存極少量的水，而上帝的大能如滔滔江河，能滿足各人所需，並且有餘。單是基於上帝與人之間的差距——祂的豐盛與我們的缺乏、祂驚世的救贖計劃和我們雞毛蒜皮的點子、祂廣闊而全面的視野和我們狹隘的目光，已足夠令我們確信人需要與上帝結連，否則，我們只會像小孩子玩配對遊戲一樣，胡亂地將神的使命跟世界的需要連起來，沒與神結連，只能誤打誤撞，徒勞無功；若連於上帝，我們就能在其中得着能力和指引。

每個人都可以與上帝結連。不論老少、聖俗、全職服侍還是沒有事奉，有多少人願意跟上帝結連，就有多少個跟使命連結的機會。每一扇門都是獨特的，屬你的那道門上刻有你的名字。這個「你」是前無古人、後無來者的；塑造現在這個「你」的經歷，猶如被浪濤沖刷過的浮木，無論何時何地，都無法找到另一塊形狀與紋理完全相同的浮木。即使在出生以先，你的基因早已存在於先祖的體內，即使你所呼吸的空氣本不屬你，而是借來的，即使構成你身體各個部分的每一粒分子也是二手的，你依然是獨一無二的。在神的計劃裏，祂將你安放在一個獨特的位置。沒有兩隻老虎會長有相同的斑紋，同樣地，沒有兩個信徒會領受完全一樣的呼召。

與上帝結連是關鍵。許多跟從耶穌的人都飽受尋求人生方向和指引這類問題的困擾——我該全職事奉上帝，還是發展自己的事業？要往外地闖一闖，還是留在老家尋找機會？我的呼召是傳福音，還是參與社會行動？我事奉的場所是教會，還是教會以外的世界？我要幫助染上毒癮的人、寫請願信給議員、推廣公平咖啡、寫詩，還是跟朋友一起上酒吧？我該專注祈禱，還是多點作出行動？很多時，我們對使命的理解是出於責任、虧欠和需要，然而這種理解並不完全，結果只會令我們成為那些永遠無法達成目標的受害者，除非我們曉得回答這個問題：「我的生命如何跟上帝的使命接軌呢？」惟有當我們知道自己正與上帝保持聯繫，一切煩人的問題自然不復存在，我們亦可駕馭那些惡性循環。因此，與上帝結連是我們生命中至關重要的事情。

跟呼召結連

但，我們要怎樣結連呢？如何能辨別出那是我為之而被造、單單屬於我的使命呢？如何才能尋着通往我的房間的那一扇門？從摩西的一生和他在燃燒的荊棘中所領受的呼召，我們找到六個隱藏的線索，有助揭開這個奧祕。〈出埃及記〉開首的幾章記載了摩西的呼召，我們可以從中窺見與上帝的使命結連的可能性。

有一次，湯瑪斯·愛迪生（Thomas Edison）寫下這樣的話：「我可沒有失敗，我只是找到一萬個行不通的方法而已。」不過，摩西似乎沒能作出這種區分，軟弱正是他的表現。他對自己的身分和命運十分困惑，且感到失望、沮喪、理想破滅，甚至還給首生兒子取名革舜，意思是「我在外邦作了寄居的」；他的人生正在走下坡。摩西的一生是從引人注目的一刻開始——奇蹟、極微的生存機會，還有無法估量的勢力、特權和榮譽，這是他的前半生；現在，他年屆八十，餘下的只是平庸、卑微、失敗、沮喪。他用自己的方法去執行上帝的旨意，卻狠狠地跌了一交，同胞摒棄他，收養他的家族也拒絕他，他幾乎開罪了身邊所有人。雖然〈出埃及記〉的敍述沒有明明的說摩西準備放棄自己，但記載中隱含了一個信息：他已經選擇放棄，一個史無前例的拯救希伯來奴隸大計，竟然傾注到這個無法發揮功能的排水管。

情形就像一個充氣男孩，進了一所充氣學校，受教於一位充氣老師。一日，他帶了一支鋒利的針回校，老師嚴厲的責備他：「你不單令學校蒙羞，還令我蒙羞。不過最糟糕的，是你令自己蒙羞了。」這就是摩西，一個洩了氣的彈力堡[3]。倘若摩西是銀行戶口，那會是出現透支且快要被取消的帳戶；若他是車，那會是一輛無法開動、不使花招決不能通過年度檢驗的汽車；若他是超級市場出售的貨品，那必定是減價促銷的項目。

> 逃離埃及之後，摩西一直過着牧羊人的生活，他在何烈山一處偏遠的郊野，牧養岳父葉忒羅的羊羣。這裏記述了獲得啟示的簡單條件——這個從埃及的繁華盛世和政治紛爭中退下來的男人，經常獨處，且虛懷若谷。天時、地利、人和，一切是如此恰到好處。突然間，平平無奇的荊棘燃燒起來，深深吸引了摩西的目光。
>
> *聖公宗聖法蘭西斯會雷蒙神父*[4]（*Brother Ramon, Society of St. Francis*）

上帝的呼召徹底改變了摩西的人生。發生在老牧人身上的事情，始於何烈山山腰的一株燃燒中的荊棘，此後，一切不再一樣。摩西跟上帝的使命接通了，生命也因此得到轉化。過去，他接二連三為家人和朋友帶來麻煩；如今，他結連於上帝的使命，就是世上最強大的獨裁者，也不能擊敗他。在摩西被召的記載中，出現了六個關鍵，有助確認與上帝結連的六個獨特元素：

熱情（Passion）

在心底最大的關懷與上帝的熱情之間，摩西找到結連之處。

地方（Place）

摩西將當下所站之處與被神呼召前往之地結連上。

目標（Purpose）

在確切的人生目標，與上帝在他的處境和文化中所定的旨意之間，摩西發現兩者的關連。

能力（Power）

摩西將自己的能力和軟弱連結於上帝的大能，並尋求祂的轉化。

進程（Process）

摩西找到上帝在過去、現在及將來作工的軌迹和步伐，並與之結連。

視野（Perspective）

摩西將自己在使命中擔當的角色，連接於歷史的宏觀視野，並在上帝帶應許的計劃中找到自己的位置。

以上是連於上帝使命的六個要點，當中呈現了與上帝結連的人所養成的六個習慣，逐一深入探討有助我們重塑生命。倘若在每一方面都連於上帝，我們就能建立一個與上帝全然結連的生命。結連，意味着一個雙贏局面，當我們貼近上帝的旨意，便能找到我們在祂計劃中的獨特位置：

- 我們會得到一份無可比擬的滿足。
- 上帝的使命得以向前推進了寶貴而難得的幾步。
- 我們所服侍的人會得到上帝為他們預備的恩典。

在這件事上沒有人是輸家。結連，是通往生命之門，人只要穿越這門，就可以得着生命，而過程中被他們觸動的人，同樣能得到生命，這正好説明耶穌其中一句令人費解的話：「得着生命的，將要失喪生命；為我失喪生命的，將要得着生命。」（〈馬太福音〉10：39）在上帝的國度裏，要先捨棄，方能取勝。惟有與上帝的使命結連，你付上所有，卻仍然有許多益處；你獻上自己，卻能尋回那個真正的自己。

精神科醫生派克（M. Scott Peck）曾講述關於一個定期接受治療的女病人的故事。她生活優裕，在許多方面都相當成功，但她要處理許多問題，日積月累，結果引致抑鬱病。有一次她覆診遲到了，但給人的感覺卻明顯不同，過去她多是精神散渙，難以集中，今次卻表現積極，朝氣勃勃。派克特別指出這點，並問她可知道原因。她解釋，早上出發前往診所時，她發現車子無法開動，於是就請求當牧師的鄰居載她一程。牧師答允了，不過他途中需要到醫院探望幾位患病的教友，而她需要與他同行。結果，她跟牧師到醫院探訪，並與一些病人談得十分投契。她向派克表示，跟情況比自己更壞的人相處，單單透過聆聽去幫助他們，令她清楚看到自己的問題，精神也振作起來。派克為她作結：「很明顯，這對你很有幫助，不如就以此作為療程，你不用每星期來找我，去找他們吧。」她瞪眼望他，一臉徨恐的説：「你不是要我每星期也這樣做吧 ?! 」

顯然，這位女士尚未明白，與上帝的使命結連——即如〈以賽亞書〉58 章所説的「你心若向飢餓的人施憐憫」——能使人重新得力。服侍，是力量和醫治的泉源。與上帝的使命結連，其實就是與生命結連。

> 解讀「服侍恐懼症」(Servophobia)
>
> 害怕做那些能令自己快樂的事情，因為商業市場的邏輯思維和所鼓吹的價值告訴我們，那是行不通的。

嘉祿‧富高（Charles de Foucauld）出生於十九世紀法國的一個富裕家庭。他是一位軍官，青年時期只為一己私利而活，並拒絕童年時所接觸的天主教思想。然而，一次翻天覆地的信仰經歷，徹底改變一切，富高成為了「嘉祿神父」，並在北非一帶的荒漠地區過着隱修士的生活。他專心禱告，服侍窮人，又仿效耶穌的簡樸生活。他在日誌中寫道：「當你很清楚那是上帝的旨意，並為你所愛的神成全祂的旨意，世上再沒有比這更幸福的事。主耶穌就在這裏，正如他昔日在拿撒勒一樣，他無處不在。如此，我身在何方又有什麼相干呢？惟一重要的是，祂想我在那裏，我就到那裏去，作祂所喜悦的事。唏，讓我們捨棄自己，忘記自己，活在耶穌裏，全心全意的愛祂，因為你知道，當一個人願意付出愛，他就不再為自己而活，乃是為他所愛的那一位而活；當愛愈深，他的生命方向就愈發轉去跟隨所愛的那一位。」

如果你的經歷像摩西那樣，並非一朝成龍，卻是一生尋尋覓覓，希望與上帝結連的話，那麼你就要多花一點時間，思想各種能帶來改變的可能。求問上帝，祂會燃燒怎樣的荊棘來引起你的注意，向你的生命説話，並徹底改變你。給自己劃出一些空間，好能反思、重定人生方向、經歷生命更新；請以開放的心懷迎接與上帝結連的各種可能。若你現在仍為生活營營役役，請嘗試以大衛·阿當（David Adam）的禱文〈愛的熔爐〉[5] 來禱告，或許你能從中得着幫助。

主，我已傾出生命所有，
我來到祢面前，求祢更新我。
主，我實在累透，
我來到祢面前，求祢重新提起我的精神。
主，我意志消沉，
我來到祢面前，求祢奮興我。
主，我迷了路，
我來到祢面前，求祢引領我。

主，我苦惱不堪，

我來到祢面前，求祢安穩我心。

主，我甚孤單，

我來到祢面前，求祢以愛充滿我。

主啊，請祢來——

復興我，

重塑我的生命，

按祢的形象模造我

在愛的熔爐裏，求祢重新鑄造我。

從六個要點出發

當我們深入探討與上帝緊密連繫的種種可能時，上述所提的六個要點，就成了我們人生旅途上的路標。每一個要點將會帶你進入不同的領域和處境，助你以不同角度去察看自身的光景，並在其中找到真正的自己。可以説，每個要點其實就是一個生命委身，或是一個生活習慣，從而構成跟上帝結連的人的六種氣質。這正正反映出，在現實裏，沒有一種習慣能在一時三刻培養出來，反之，這是一個持續不斷的選擇，需要我們一次又一次作出決定。跟隨耶穌的人普遍有一個誤解，以為與上帝結連大多發生在年輕時期，此後這種「結連」會自然而然地持續下去，結果，有些人會掉以輕心，以為那是一件簡單不過的事，也有一些人認為自己已經錯過時機，就好像錯過了早一班巴士之後，就不會再有其他交通服務一樣。事實上，「與神結連」是一輩子的事，它可不像什麼「極速瘦身」或「排毒療程」，可以利用捷徑讓你的生命走上康莊大道，甚至是一勞永逸。我們需要做的，是持續地改變對生命的態度和生活模式。每一個改變的時刻當然有其價值和意義，但只有願意接受改變的個性，才能令生命經歷蛻變。與神的使命連結，就好像進食健康餐單，沒有所謂過早開始，或錯過了重新開始的時機。

〈被抑止的真理〉

像一場球迷被拒門外的足球賽事，
球員反坐到看台上，吶喊助威。

像一場樂迷鴉雀無聲的演唱會，
樂隊的演奏往耳筒播，只有演奏者才聽到。

像一間給徹底清潔和消毒過的醫院，
受惠的，卻是沒有病的人。

像一茶匙沒混進藥水的砂糖，
像一頭沒人鞭策的騾子。

像一艘以狂歡作樂為行程的遠洋客輪，

享受的，只有船員。

我們接到發放給眾人的信息，

卻使之變成少數人的獨家消息。

你有煙肉，還是雞蛋？

當你為這六個習慣下苦功，並將之融會結合，你會發現一種新的生活模式正逐漸形成 —— 重新轉向上帝，以祂的旨意為你的人生目標。這也許需要一點時間，清晰的局面才會慢慢浮現，路途上或有雲霧遮蔽，或有大山阻隔，但，獎賞已經擺在前頭，等待着那些預備穿越一切困難的人去贏取。對許多人來説，與上帝使命結連的旅程，許多時會是一趟從參與到委身的歷程。世界上有數以百萬計的人，在不同程度上接觸基督信仰，可是認真委身其中的，卻少之又少。結連，促使人主動去服侍人羣，不再消極被動，因為那是一個關乎委身的呼召。因此，你必須清楚辨識委身和參與兩者的分別，這好比一頭豬和一隻雞，牠們走在農場裏討論生產煙肉和雞蛋的利與弊 —— 豬必須委身付出生命的代價，才製造出煙肉；可是雞只需要稍為出一點力，便能下蛋。

本書要發出的邀請，有點不尋常，卻是認真的：請你踏上由雞蛋走向煙肉的旅程 —— 藉着與上帝的使命結連，從「參與一下」邁向「全然委身」，可別做一隻雞，做一頭豬吧。

豬和雞

在大畫紙上，用簡單詞語或句子寫下你經常會做的事情或作出的承諾。看來最容易的方法，就是寫下你所擔當的角色，例如丈夫、妻子、業餘演員、主日學導師、理髮師等等。然後再寫下你花最多時間在哪些地方，例如俱樂部、社團、興趣、優閑活動等。

在每個項目旁邊畫上或寫上「豬」或「雞」。「豬」代表你真正委身在這些角色或活動上，甚至願意為之付上生命的代價。「雞」代表你只是有分參與其中，可以隨時抽身而去，也絕不會為之付出性命。

完成後，細心察看你寫下的東西，並反思：以「豬」為記號的項目，你是否真的願意為之付上一切代價？畫紙上「雞」的標誌是否太多？若要把精力和資源從「雞」轉移到「豬」，你要採取什麼行動？

1 Andreas J. Kostenberger and Peter T. O'Brien, *Salvation to the Ends of the Earth: A Biblical Theology of Mission* (Downers Grove, IL: InterVasity, 2001), 262.

2 Leonard Sweet, *Carpe Manana* (Grand Rapids: Zondervan, 2001).

3 譯注：遊樂場中一種充氣的大型兒童遊樂設施。

4 Brother Ramon SSF, *Deeper Into God* (Grand Rapids: Zondervan, 1987), 24.

5 David Adam, *Power Lines* (London: Triangle SPCK, 1992).

1 Passion 熱情

將心之所繫連於上帝的熱情

支持基督教最有力的理據，就是基督徒，他們充滿喜樂、堅定和完全。可是，反對基督教最有力的論點，也是基督徒，尤其當他們死氣沉沉，悶悶不樂；當他們自以為義，並在滿足自我的禮儀中沾沾自喜；當他們眼光狹隘，劃地自困。如此，基督教便落入萬劫不復之地。

謝爾頓．泛納根[1]（*Sheldon Vanauken*）

過了多年，埃及王死了。以色列人因做苦工，就歎息哀求，他們的哀聲達於神。神聽見他們的哀聲，就記念他與亞伯拉罕、以撒、雅各所立的約。神看顧以色列人，也知道他們的苦情。

〈出埃及記〉2：23-25

那是我人生中一次近乎被拘捕的經歷，發生在一家銀行的分行裏。

當時，聖誕節即將來臨，我們帶同剛出生不久的小兒子雅各到著名的購物聖地歡樂谷購物中心（Merry Hill Centre）。我與太太分道揚鑣，她負責選購禮物，我則去銀行辦點事，然後再會合。我將支票存入戶口，然後匆匆走在通往商場的路上，突然，廣播系統發出一則通告：「請謝拉・凱利先生回到ＸＸ銀行。」我立即想自己可能遺下什麼，我檢查褲袋，支票簿還在，再看看錢包，提款卡也在。我從記憶中搜索剛才在銀行的一幕，怎也無法記起自己到底留下了什麼，我開始猜測，會否因透支額太多，他們要抓我回去。

抵達銀行門口，只見四名穿着制服的職員，他們目光一致地向我望過來，女經理對我説：「沒事，他在這兒。」眼神流露出對我失職的不屑，我卻錯愕地回應：「誰在這兒？」這時，我隨着他們的視線望向櫃枱的後方，瞥見一部似曾相識的手推車，上面坐着我那五個月大的兒子，兩名職員正逗着他玩。原來我把自己的兒子留在銀行。

我定過神來，立即向銀行職員致謝和道歉，並帶着雅各飛快地離開，但我感到背後有六雙眼睛依然盯着我。當我回頭一瞄，那位經理面上的表情，像幾乎要打電話到社會福利署投訴一樣。至於雅各，他看來沒有被這個小插曲驚擾，往後也沒對銀行或穿制服的女性產生莫名恐懼，只是，從此我再沒有到那家分行存入支票。

忘了兒子，即使是一瞬之間，如此，我作了一件不曾發生在上帝身上的事情。耶和華在燃燒的荊棘中顯現，令所有人震驚，這徹底改變了摩西對世界的看法，同時反映出一個事實：神沒有忘記祂的兒女。〈出埃及記〉2：23-25 這樣說：「過了多年，埃及王死了。以色列人因做苦工，就歎息哀求，他們的哀聲達於神。神聽見他們的哀聲，就記念他與亞伯拉罕、以撒、雅各所立的約。神看顧以色列人，也知道他們的苦情。」

學者指出，經文中有四個用在上帝身上的動詞——聽見、記念、看顧、知道（與「關心」）。即將與摩西相遇的上帝，既不被動，也不冷酷，祂不是毫無感情或漠不關心。或許希伯來人會認為，四百年來他們的神保持沉默，冷眼旁觀，或許摩西會疑惑，祂是否滿不在乎。不過，上帝確實聽到也看見以色列人為奴的苦況，也沒有忘記祂的子民和祂的應許，上帝被他們的苦難打動，定意領他們走出為奴之地，得享自由。摩西發現，在上帝裏面湧溢着一股澎湃的熱情，就如腓力・格林斯萊德（Philip Greenslade）所言：

> 我們的上帝不是照足預定的劇本呆板地行動，而是展現出祂對人類、對救贖世界的熱情。祂會被不公正的事情激起義憤，又會被子民的處境牽動情感。上帝聆聽，也感受到，祂察看，而且關注，祂一直記掛，並向祂的子民施行拯救。[2]

上帝一直記得……

翻開一份近期的報章，細心察看上面的圖片、標題和重點文章，並就每則報道思考兩個問題：事件中，誰會覺得被上帝遺忘了？故事背後反映出人心底的呼求是什麼？若你發現哪些人或羣體認為上帝沒有聽見他們的呼求，也沒記念他們的需要，請逐一為他們祈禱，並思想上帝會透過誰來跟他們結連。

經文顯示，摩西將心之所繫與上帝的熱情結連，當中經歷了三個階段——辨識、回應、轉化。

辨識：上帝的熱情乃使命的基石

摩西進入呼召的第一步，就是辨識上帝熱情的所在。使命是建基於上帝的關注，而非人的關懷，所以，無論我們被召作什麼，都必須以上帝的熱情為根本，這就是信徒使命的基石，也是我們的楷模和指標。基督徒的服侍絕非一場個人表演，而是呼召者與被召的人之間的夥伴合作，這就是上帝和我們之間的關係，而祂所關心的，遠超過我們過去，甚至即將開始關注的事情。

我們不可能將全世界的需要都扛在自己的肩頭，上帝也沒有對我們作出如此要求。無論上帝要我們做什麼，承擔哪些角色，都必定在這四個原則之下——神聽見並且記念，他察看並關注。

若你仍然感到迷惘，仍未能感受到上帝的熱情在你裏面攪動，那現在就開始尋索吧。透過禱告，以開放的心靈祈求上帝打開你的耳朵，好能聽見從前聽不到的呼喊，張開你的雙眼，看見從前看不到的苦難，求神讓你知道祂的熱情所在。暫且不要求問祂的旨意或指引，此刻你只須單單去感受神的熱情在哪。現在就停下來，細心聆聽，你聽到什麼呢？

> 這故事奇妙之處，是地上發出的呼求竟能喚起上主施展大能，祂對為奴子民的回應，就是劃破黑暗長空，挪走茫茫大海，祂因奴隸的需要而使喚自己所創造的萬物。紛亂的世界被上帝徹底拯救了。他們想也沒想過，最終竟會被釋放！
>
> *華特 · 布魯格曼*[3] *(Walter Bruggemann)*

〈出埃及記〉所描述的神蹟，道出了奴隸的苦難與上帝的熱情兩者之間的關連。奴隸的呼喊正是絕望的哀聲。他們是否知道上帝已經聽見他們的哀歎？還是以為這些苦情最終只會落入宇宙的黑洞，等待某個「有關人士」來處理？他們會否感到禱告已被屋頂擋下來而無法上達於天？無論他們怎樣想，事實是上帝確實聽見。人的處境與上帝的關懷接通了，痛苦的呼求正上達天國，與上帝賜下人間的愛相遇。

回應：上帝的熱情激發我的投入

摩西經歷呼召的第二個階段，就是回應，他要緊緊抓住上帝的熱情，這熱情只屬於他。葛尼斯（Os Guinness）在《一生的聖召》（*The Call*）中寫道：「使我們懷着熱情去追求生命中最深刻的成長以及最高的勇氣的關鍵，就是神的呼召。在尋索的過程中，你會發現，沒有什麼比被上帝的熱情所燃燒的生命更加崇高，更為極致。」[4]

摩西抓緊那份熱情的明證，就是有澎湃的力量從上帝湧流到他裏面，這明證持續出現在摩西的生命中、在燃燒的荊棘之後。當這場歷險展開，摩西發現他必須向人述説神的話語和祂的作為，首先是亞倫，接着是以色列的長老，然後是所有人。每一次他傳講信息，心中那份熱情就愈加清晰、牢固，他的熱情跟上帝的計劃和心意逐漸變成一致，上帝的熱情就是如此這般給傳開了。當長期被奴役的希伯來人抵達紅海邊緣，最嚴峻的考驗來了，他們即將作出的決定，要不是終止他們的奴隸生涯，就是結束他們的生命，他們疲憊、懼怕、不滿、困惑、飢餓，而法老麾下六百名勇士組成的精鋭部隊躍上先進的戰車，正尾隨其後，步步進逼，如狼似虎的撲向獵物，劍拔弩張，殺氣騰騰。且看百姓對摩西的責難是如此傳神，又毫無修飾：「難道在埃及沒有墳地，你把我們帶來死在曠野嗎？你為什麼這樣待我們，將我們從埃及領出來呢？」（〈出埃及記〉14：11）

至此，以色列人領袖這個角色，看來摩西也當不下去；難道他將這些奴隸從埃及釋放出來，最終是要令眾人和自己陷入另一個困境？莫非上帝的應許不復存在？迷惑之際，轉機出現。那個一次又一次懷疑上帝呼召、帶着恐懼度日的男人改變了，上帝的熱情深深注入他的意識之中，改變他的思維，以致他可以滿懷信心地說：「不要懼怕，只管站住！看耶和華今天向你們所要施行的救恩。因為，你們今天所看見的埃及人必永遠不再看見了。耶和華必為你們爭戰；你們只管靜默，不要作聲。」（〈出埃及記〉14：13-14）

> 信心，會令人隨時準備好為之捨命；教條，卻讓人隨時預備將之毀掉。兩者有天淵之別。
>
> *東尼．本（Tony Benn）*

上帝熱情之所在，成為了摩西心中所牽繫的事情，隨之出現的，是信心、方向和力量。摩西深深感受到，在神裏面的熱忱是如此深妙，沒有轉動的影兒，他再也找不到懷疑的借口。既然神如此關心人的需要，祂定必作出行動。讓神的旨意成為我們努力的目標，第一步就是將心靈繫於神的熱情，使之成為自己的關懷。當我們愈發關注上帝所在意的事，自然會投入其中，這份熱情也會轉化為我們生命的優先。要是上帝的使命是一條穿越人類歷史、並流進人類生命的長河，那麼祂的熱情就是河的源頭。連接源頭，你就能隨着長河順流前進。

轉化：上帝的熱情改造我的熱忱

最後，值得注意的是，摩西在被召之前，也有個人關切的事情。摩西早年的事跡，我們知道的不多，但《聖經》記載了三個重要的事件，均反映出他體內每一條血管都湧流着追求公義的熱情。首先是他介入一個埃及人和希伯來人之間的衝突（〈出埃及記〉2：11），之後又插手兩個同胞的爭執（〈出埃及記〉2：13），他更因此惹上麻煩，不得不逃離埃及，往鄰近的米甸地，而他初到貴境的第一件事，還是管別人的事 —— 營救米甸祭司葉忒羅的幾位女兒脱離當地牧羊人的滋擾（〈出埃及記〉2：17）。摩西年輕時期三次路見不平、拔刀襄助的記述，將他描繪成一個怎樣的人呢？基於這些是我們所知的全部，我們大概可以説，摩西是一個充滿熱情卻又衝動魯莽的人。

靠着內心那份熱情，摩西最終能對抗法老，領以色列人走出為奴之家，進入自由，並建立以色列王國的雛形。這熱情不單單來自燃燒荊棘的異象，神更以摩西本身的關懷 —— 亦是祂所賜予的 —— 為切入點，將之挽回並轉化，改變的種子早已埋在摩西的生命中。然而，沒有上帝的介入，即使服侍對象正確，投入程度令人欽佩，那不過是令人迷失和無法駕馭的激情，最終只會一敗塗地。上帝會將生命中的原材料轉化，在最適當的時機用到祂的計劃裏，就像氧氣和燃料，兩者相遇會熊熊地燃燒起來。摩西不但要學習如何辨別和擁抱上帝的熱情，並要曉得如何明白、控制和引導這份熱情。上帝的使命並非要否定那些一直纏繞着摩西的強烈感受，卻要給這些感受一條出路：正確的目標、可行的方法，可駕馭的方向。

> **解讀「隨便」(Whatever)**
>
> 「隨便」一詞，常被獨立用作一個回應句子，但這用法不會出現在上帝的字典裏。

摩西找到上帝熱情的所在，就把心底最激烈的情感與之結連。認定神的熱情是一切使命的根基，容讓祂塑造你的人生目標和抉擇，祈求祂轉化你心底的渴想，並賜下出路，如此，你就可以與上帝的使命連結起來。不帶熱情的使命，就像滑浪者沒遇上浪潮，滑板雖然美觀，卻是死物。與上帝結連的起點，就是在上帝浪濤般的熱情裏馳騁。

記憶的啟示

回想那些你感到與上帝的熱情深深連繫的時刻或事件，集中在三、四段這樣的回憶，並細心思考：這些片段有何共通之處？這些活動或事件怎樣訴說你的熱情和動力？

鼓舞人心還是令人冷漠？

多年前，紐西蘭的奧克蘭城郊浸信會採用「平衡宇宙」的模式進行崇拜，其中一個崇拜以火為主題，比作上帝的熱情，並進行「黑暗中的火光」默想環節。

激情燃起，
渴求火熱，
燃燒的熱情，
上帝之火已經降臨人間，
臨到我們頭上，我們心中，我們肺腑之間，
撕掉無情的紙牆，擊破冷淡的窗户，
吞滅冷漠的心情，
在我們的血液、動脈、腦袋，
這火，運行全身。
這火降臨之時，

熱流和光芒竄動，

四周漆黑一片；

這火降臨之處，

是熱情、熱誠，和澎湃的激情；

這火降臨之地，

有生命、愛和熱情。

降臨吧，上帝之火，

降在我們的身上；

燃亮吧，上帝之火，

燃點我們的人生，銘刻在我們心裏。

燒盡我們，吞沒我們，

烈焰點燃我們，

使我們閃耀光芒，放聲高唱生命凱歌。

感動，狂熱，着迷，

燃燒生命，

上帝的道是我心中的火，

也是我的骨骼。

願這火擁抱我們，

釋放我們，

潔淨我們，

重生我們，

願這火烈焰熊熊，

蔓延大地，

上帝之火，我們所渴慕的。

邁克・里德爾[5]（Mike Riddell）

但是，另一邊廂是完全相反的圖畫。作家道格拉斯・柯普蘭（Douglas Coupland）捕捉了現今文化中人們鬱悶的一面，他們變得前所未有的冷感，對他們而言，過度推崇強烈感觀刺激的文化不會激發熱情，反而造成冷漠。

> 我心裏有這樣一個想法：最近我發現自己對身邊的事物愈來愈麻木，我擔心我的感覺正一點一滴地減退，我想這最終會出現什麼可能的結果，感覺是否無可避免地帶來懷疑、甚至否定呢？我開始感到恐懼，尤其當我想到大概再沒有什麼值得相信的時候。倘要多活數十年，卻沒什麼可以信靠，或人變得冷感，這玩笑未免開得太大了。[6]

看過上述兩段文字，你對哪一段最有共鳴？哪個描述跟你的境況較接近？要是你認同柯普蘭的看法，那什麼能推動你走出冷漠，擁抱熱情？這些都是真實而至關重要的問題，因為在現實世界裏，人的經歷已幾乎全被虛擬化，以致情感帶來的力量彷彿淪為像蕃茄罐頭湯或阿斯匹靈一類的商品，供人消費、選購，與日常生活的事情全無關係。這種人工製造的熱情，有如錢幣的兩面，利害參半。一方面，這是增加我們體驗熱情的方式——不斷提高期望，且欲罷不能；但另一面，它削弱我們與心底最真實的熱情結連的能力。結果，我們只會投入更多的電玩遊戲，更少真實的挑戰，更多的性經驗，更少愛，更多的夢幻時刻，更少向着標竿直跑。

> 解讀「安舒區居民」(Comfort Zoner)
>
> 這類人喜歡停留在熟悉的生活模式，並滿足於熟悉的經驗，他們害怕改變，也難以突破個人的框框。徵狀包括不願意嘗試新事物、到新地方或認識新朋友。

相反，真正的熱情不能與現實分割，且會帶來真實的結果；那是關乎具體而實在的事，並會吸引我們付諸行動，這團火不會毀掉我們，卻能帶來滿足，就像吸引着摩西的荊棘「被火燒着，卻沒有燒毀」。所以，上帝的熱情會激勵我們，點燒我們的生命，卻不會吞滅我們。連於上帝的熱情，是一個使我們發亮發光卻不致被耗盡的結連。

> 上主，我懇求祢……願我的燈感到你如火的觸摸，並知道這是不滅的火，能為自己、為他人發光。
>
> *聖哥倫巴努斯禱文（A Prayer of St. Columbanus）*

熱情量度器

人生中有哪些事緊繫着你心底的熱情？拿一張白紙，寫下令你心裏火熱的事情。然後，寫下那些你會做但並非發自內心的事情，可以是你討厭做的事（如清洗廁所），或者沒所謂喜歡不喜歡的事（如一份只為糊口、沒有啟發的工作）。

現在，檢視過去一星期、一個月、一季或一年，你在這些事情上付出了多少時間。就你現時的狀況和已有的資訊，訂立一個適當的時間表，並在每個項目旁邊記下要付出的總時數。

重溫上述的時間表。為你關心的事劃出更多時間，是否很艱難？如何改變這個狀況？從時間的運用，可以反映出你的熱情所在嗎？這個練習告訴你，你的生命正在處於、可以處於、應該處於一個怎樣的光景呢？

奔向烈火

〈出埃及記〉的核心信息，是上帝呼召我們奔向祂的熱情。不過，當熱情之火愈燒愈旺，人會本能地遠離這火，因為那是危險且充滿破壞，我們害怕它帶來的衝擊和後果，也擔心被人視為荒謬的狂熱分子或基要主義者——一個二十世紀常被誤用的詞彙，因而聲譽受損，所以，我們最好一直保持冷漠，不為所動，留在這火不會降臨的安全地帶。然而，若這火是從上帝而來，我們就不應迴避，要實踐上帝的旨意，就必須順服，許多時，穿越這火是我們生命中惟一的出路。

> 解讀「糾紛恐懼症」（Aggrophobia）
>
> 害怕作出重大的人生改變，因為不想令身邊的人不開心。這種人往往將焦點放在工作間的同事、鄰舍或者岳母大人身上。

澳洲經常發生山林大火，奪去成千上萬動物的生命，燒毀的灌木林面積亦甚廣泛，破壞力驚人。火舌的方向和強度取決於風勢，風向哪邊吹，火就燃起，風勢愈強，火勢也愈快向外伸延開去，並燒毀一切。若火勢迅速蔓延，就是袋鼠也無法逃離火海，惟一能夠倖免的，只有澳洲野犬，牠們不會跑在前方，試圖逃離迅速向前築起的火牆，而是掉過頭來，迎戰烈燄。牠們蜷伏在地上，全身肌肉拉得繃緊，雙目注視着熊熊的火燄，專心靜待時機的到臨，直至火舌近在咫尺的一剎，牠們奮力一躍，衝過最猛烈的火燄。也許躍起一刻，鼻子會被灼傷，毛髮也被焦炙，可是牠們大多能成功穿過火焰，安然着地。由此可見，出路不是從烈焰中走開，而是直直的穿過它。

上帝賜下祂的火，不單要激勵我們，更要潔淨和改變我們。只有在上帝的火光之下，我們才能看清自己。就像走在鋼線的兩極，一端是我們無法駕馭的熱情，以致與現實的人生割裂，另一端則是極度的冷感，令我們面對任何事情都不為所動；而兩者之間的某處，正是上帝火燄所在的地方，這賜人生命、激勵心靈的火，與我們相遇，並改變我們。避免落入兩極的關鍵，就是尋求與上帝的熱情結連，要做到這點，我們需要同時作出兩個行動：更深入了解自己，更多認識上帝。信徒要有所成長，僅僅做到其中一點並不足夠，兩者必須同步增長。你愈認識上帝，就愈有信心能準確分辨、明白和欣賞祂的熱情，你愈發在上帝的光照下了解自己，你就愈能識別內心的熱情源自哪裏。更整全地認識上帝，更深入了解自己，漸漸地，你會發現內心的熱情與上帝的心意漸行漸近。

從〈出埃及記〉的敍述，我們還得出了三個原則，勾劃出上帝的熱情的輪廓，能使你更敏鋭於察看並明白祂的心意。

1. 上帝看見

希伯來人為奴的困境持續了四百年，而且愈演愈烈，可是，上帝看來不為所動。也許我們可以想像一下當時摩西的感受。忍受上帝的沉默，是其中一個最令人痛苦的要求，摩西所經歷的，更是過於他所能承受的，他必定寧願相信上帝看不見百姓的困境，因為把上帝想成瞎子，總比承認祂是冷漠且麻木不仁來得容易。然而，摩西知道上帝正在察看祂子民的困境，也親眼目睹每一次施加在他們身上的擊打，祂一直與他們同在，在愛裏看顧他們，並正預備那個介入的時機。「上帝看見」是信靠耶和華的重要陳述。任何人或事都不能從上帝面前隱藏起來，每一件發生在我們身上的事，不論是福是禍，祂都瞭如指掌。

對摩西來說，這是個好消息，但亦不盡如是。對被壓迫和被虐者而言，「上帝看見」這話意味着希望猶在，但從壓迫者的角度來看，那會帶來審判。有一個常常買醉的男人，經常到鄰近的酒吧喝得爛醉如泥，然後帶着搖搖晃晃的身軀回家，令妻子十分沮喪。有一晚，他如常地喝得酩酊大醉，才回家就嘔吐大作，將廚房的地板全都弄髒了。妻子感到已經受夠，就致電請教會牧者來收拾殘局，牧者飛快趕到，他們把醉漢抬到樓上，放在牀上，然後牧師開始為他禱告：「親愛的上帝，求祢看顧這醉漢……」醉漢立時打斷牧師的話，口齒不清地說：「不要告訴祂我醉了，跟祂說我生病就好！」

對這個男士來說，「上帝看見」使他感到不安，他寧願隱藏，不被看見，也寧願不被認識，不被關注。我們來到上帝跟前，腦裏總想着那些我們希望祂會忘卻的事情，但上帝是誠實無偽的，在祂面前，我們無可隱藏。

在一間天主教學校的飯堂裏，桌上擺放了一籃新鮮多汁的蘋果，旁邊有一張院長留下的手寫便條：「每人限取一個。別忘記，上帝在看。」桌子另一端則擺放着一盤剛出爐的朱古力曲奇，旁邊有一張字體潦草的便條，像是小孩的筆迹，寫着：「想吃多少，請隨便取。別怕，上帝正忙於看着蘋果。」

上帝是全知的，祂看見並知道一切關於我們的事。上帝的視線不會離開，注意力也不會分散，至於這是好是壞，取決於我們為自己的生命感到驕傲還是羞愧。對大部分的人來説，往往是兩者並存。事實上，無論我們行事為人如何，神都認識我們，這令我們有一份安全感，無須驚懼他朝上帝會發現什麼讓祂後悔錯信我們的事，如此，我們能安然進入祂的愛和憐憫。即使廚櫃裏藏着骸骨，你早就肯定上帝已經知悉，且連骨頭的數目也數點過。上帝的恩典往往在你意料之外，但你的祕密卻不會是祂意想不到的。一個不曉得你的本相而愛你的神，不值得你相信，上帝奇妙之處是，縱然他看見並知曉一切，祂依然愛你。

2. 愛是聆聽

摩西的呼召最重要之處，是它肯定了上帝聽見百姓的哀聲，這是一個因痛苦而發出的呼求，多於經過深思熟慮、由神導引所説出來的禱告。我們知道，以色列人「因做苦工，就歎息哀求，他們的哀聲達於神。」(〈出埃及記〉2：23)。奴隸們沒有發動整個民族一同禱告，卻在痛苦中呼號，不是出於信心，而是源自他們的絕望，彷彿要向任何一位聆聽者訴説。上帝聽見他們的哀聲。聽見，是上帝第一個愛的行動，是對受苦百姓的第一個回應。

若果上帝的熱情始於聽見，我們也當如此。聆聽每每是愛的第一步，潘霍華曾經寫道：「我們要以上帝的耳朵去聆聽。或許我們會述說上帝的話語……基督徒，尤其是牧師，每當他們與別人在一起，總覺得要貢獻些什麼，彷彿這是他們必須提供的一項服務；可是，他們忘記了，比起說話，聆聽是更偉大的服侍。」[7]

聆聽是幫助我們知道並決定如何回應別人需要的基本方法，即使在寂靜無聲之中，世界也在述說她的需要。由茱迪・科士打（Jodie Foster）主演的電影《超時空接觸》（*Contact*），講述一隊無私奉獻、以「聆聽」為己任的科學家，他們日以繼夜地輪值工作，操作像飛機駕駛艙一樣的裝置儀器，調校至可以接收外太空最深處的訊號，聆聽那裏可有生命迹象。他們透過多個龐大的碟形衛星接收器，徹底搜索宇宙中的高等生物，每一個擊進接收器的聲響所產的模式會被放大，並進行仔細分析。小組成員明白到聆聽是他們的工作，也是惟一的任務，這是人類進一步了解太空及其運作的重要一環，他們委身於聆聽，因為聆聽本身有其價值。

你是否經常急不及待要說話或行動，而沒有真正聆聽別人？找一個不被騷擾的空間，安靜下來，嘗試平靜你的心神，達至全然安靜，抵抗禱告的意欲。當你真正安靜下來，問問自己：我聽到什麼？

> 若我們想幫助他人，必須做好聆聽的功夫，即盡用所有感官，去領會世界的信息。透過身處的環境、媒介訊息、對話和人與人之間的生命交流，我們可以聽見這些信息，就好像我們聽到自己心靈深處在騷動一樣。
>
> *弗蘭・貝克特[8]（Fran Beckett）*

聆聽的技巧有助我們更明白世界上受壓迫者的需要，這同時意味着我們在聆聽上帝的心思。大衛・維斯雷克（David Westlake）寫道：「我們渴望與上帝建立親密關係，而《聖經》給我們提供了三個有效方法。第一，藉着讚美、敬拜、禱告及與祂的關係，我們可以親近上帝。第二，順服祂，正如祂說：『那愛我的，必遵從我的誡命。』第三，從貧窮人的眼眸和生活中尋覓祂。」[9]

停下來，留心聽，你聽見什麼？

> 主啊，張開我的眼，讓我看見別人的需要；打開我的耳，以致我能聽到他們的哭泣；軟化我的心，使他們得着援助……那麼，使我聽見，也能看到，讓我在未來的歲月能為祢作工，給人間帶來平安。
>
> *艾倫・佩頓[10]（Alan Paton）*

3. 使命進行中

最後，燃燒荊棘中的啟示再次確認，將熱情與行動── 即情感及其表達方式── 分割是錯誤的，上帝的熱情正川流不息地流進祂的行動。情感塑造行動，行動展現情感，這不是剪刀的兩塊刀片或錢幣的兩面，而是如同一種物質的兩個形態，不能分割。舊約中，論及上帝「記念」，它的語文結構帶有這樣的意思：思想和行動是互相緊扣的。〈創世記〉8：1告訴我們，神「記念」方舟內的挪亞和他一家，因着這記念，「神叫風吹地，水勢漸落。」在〈撒母耳記上〉1:19，神顧念不育的哈拿，然後「哈拿就懷孕。日期滿足，生了一個兒子。」在原文中，顧念這個行動和所帶來的結果是沒有分別的，兩者都是出於上帝的愛，只是用不同形態呈現出來，就像冰和水蒸氣一樣，是水的兩種形態。因此，當上帝記念祂賜給子民的應許，祂已經計劃妥當並展開行動；在祂向摩西説話及聆聽摩西回應之前，早就聽見以色列人的哀聲；牧羊人被吸引加入拯救的計劃之先，上帝早就定意如此。跟上帝的熱情結連，不單是感受祂的情感，但這絕對是一個起點，一旦當你感受到祂的熱情所在，行動就展開。

邁克爾．蘭迪（Michael Landy）是一個熱情澎湃又全心投入的藝術家，他表達情感的方式出眾，卻常惹起爭議。在2002年一個名為「分解」的裝置藝術展覽中，他列出一張個人財物清單，從坐駕到松木製睡牀，甚至廚櫃裏的茶包和口袋中的鋼筆，最後，他發現自己一共擁有7,220 件物品。花了整整兩個星期，他集齊這些物件，然後逐件放進設置在倫敦大理石拱門前一家百貨公司內的垃圾壓碎機。信用卡沒有了，珍貴的信件、珠寶、照片、紀念品，通通也沒有了。這位藝術家重達五噸的個人物品，現在成了一堆廢物，棄置在堆填區。蘭迪的舉動是一種較為極端的藝術表達，但同時表現出他對改變抱持開放的態度，並且樂意讓激情注入行動之中，教人難以忘懷。也許上帝不會呼召你將財產放進垃圾壓碎機，但祂想你做什麼呢？當你開始感應到上帝的心思意念，什麼行動是表達你的熱情不可或缺的呢？心底的感受正要引領你到哪裏呢？

沒有人能代替你回答這些問題。追求與上帝的使命結連，是一件絕對個人而獨一無二的事，就像人類的基因特徵。可以說，與上帝的熱情相遇就意味着行動；沒有行動的激情，可不是上帝在受造世界裏的運作方式。聆聽上帝的聲音，尋找祂留下的足印，並緊隨祂的步伐，無論祂要領你往何方。

> 我們不是與死亡的幽靈同行，而是與熱情的靈魂一同活着。
>
> *杰米．卡托，鄧肯．貝滿，邁克爾．法迪*
> *(Jamie Catto, Duncan Bridgeman, Michael Franti)*

1 Sheldon Vanauken, 引自 Leonard Sweet, *Carpe Manana*.

2 Philip Creenslade and Selwyn Hughes, *Cover to Cover: God's Story* (Farnham: CWR, 2001), 126 & 128.

3 Walter Brueggemann, *Biblical Perspective on Evangelism* (Nashville: Abingdon Press, 1993), 55.

4 Os Guinness, *The Call* (Carlisle: Spring Harvest/Authentic, 2001), 79.

5 Mike Riddell, 'Fire in the Dark' in Parallel Universe, June 1996.

6 Douglas Coupland, *Life After God* (New York: Scribner, 2002), 175 & 178.

7 Dietrich Bonhoeffer, *Life Together* (London: SCM, 1954).

8 Fran Beckett, *Called to Action* (Grand Rapids: Zondervan, 1989), 19.

9 David Westlake, *Upwardly Mobile* (London: Hodder and Stoughton, 2000), 3.

10 Alan Paton, 引自 Richard J. Foster and Emilie Griffin, *Spiritual Classics: Reading with the Heart* (London: Fount, 1999), 219.

實踐：在心底的熱忱與上帝的熱情之間，尋找結連。

- 你能體會上帝對世界的情感嗎？你是否一個言談經常流露熱情的人？你願意花時間用心觀看周遭的事物嗎？這是個性使然，還是一種選擇？
- 你內心的熱情繫在何處？什麼課題或意念能夠燃起你內心深處的火種，就是那些你願意為之付上生命代價的事情？這些意念與上帝的心思結連，還是跟上帝的心意分割？
- 你曾因笨拙魯莽地表現內心的熱情而遇上麻煩嗎？你認為自己哪些激情是不可救藥？上帝能將之轉化以配合祂的旨意嗎？
- 火的形象會吸引你，還是惹你反感？你認為熱情具破壞性，還是能建立生命？你認為哪一個較重要：在心中給建立生命的熱情預留席位，抑或減少生命中具破壞力的熱情？
- 你善於聆聽嗎？你曾經忽略哪些人或羣體的呼聲？當你遇上需要協助的人，你會細心聆聽並作出回應，還是要別人催促才會作出行動？
- 你看見上帝的腳蹤正帶領你到哪裏？你相信自己的熱情能在上帝為你預備的計劃中有分嗎？你認為這要如何實現？怎樣才可以培養及傳遞那份熱情呢？

將身處之地連於被召的地方

人類有兩個國家，即兩個家鄉。一個是我們生於斯、長於斯的地方，另一個則是我們看不見又聽不到的屬靈家鄉，但按人的本質，我們是屬於後者的。

亞歷山大．曼神父（Father Alexander Men）

耶和華神見他過去要看，就從荊棘裏呼叫說：「摩西！摩西！」他說：「我在這裏。」神說：「不要近前來。當把你腳上的鞋脫下來，因為你所站之地是聖地」；又說：「我是你父親的神，是亞伯拉罕的神，以撒的神，雅各的神。」摩西蒙上臉，因為怕看神。耶和華說：「我的百姓在埃及所受的困苦，我實在看見了；他們因受督工的轄制所發的哀聲，我也聽見了。我原知道他們的痛苦，我下來是要救他們脫離埃及人的手，領他們出了那地，到美好、寬闊、流奶與蜜之地，就是到迦南人、赫人、亞摩利人、比利洗人、希未人、耶布斯人之地。現在以色列人的哀聲達到我耳中，我也看見埃及人怎樣欺壓他們。故此，我要打發你去見法老，使你可以將我的百姓以色列人從埃及領出來。」

〈出埃及記〉3：4-10

必須赤腳

當我剛進入少年時期，有一段日子我學着做一個嬉皮士。六十年代以後濫藥風潮蔓延到我的家鄉巴庫，由於身邊不少朋友都比我年長很多，我常跟着他們的尾巴走，並加入他們的圈子。平日我是一個衣着整齊規矩的學生，除了在校褸的袖子裏偷偷戴上二十六隻銀製手鐲，在身上塗點廣藿油香水，令所到之處皆留下香味。然而，到了週末或學校假期，我就隨心所欲地加入那羣反叛的朋友，而所謂反叛，通常都是指赤足而行。在我們這個小小的另類羣體中，「鞋子」一詞被公認為咒罵人的話，如果情況或天氣許可，我不會穿鞋子。

這個生活體驗給我上了寶貴的一課，至今依然影響着我，那就是脱掉鞋子之後，世界就不再一樣。比起穿着鞋子，赤腳讓你與地土有更直接的連繫，這種連繫令人驚歎，就像駕駛者偶爾會選擇離開座駕，徒步行走，自會感到別有一番滋味，同樣，習慣穿鞋的人一旦脱掉鞋子，便會發現新的角度和想法。

聖地

試想像，你正站在一處熟悉的地方，無論是停車場、足球場、沙灘、屋外，或家中客廳的地毯上。現在，脱下鞋子，當腳掌貼在地上，你感覺如何？這如何改變你對所站之處的看法？

每次讀到摩西與他列祖的神耶和華相遇時，我常會想起從前這個赤腳的經歷。神在燃燒卻沒有燒毀的荊棘中出現，向摩西呼叫說：「當把你腳上的鞋脫下來，因為你所站之地是聖地。」這說話引出了徹底改變摩西的一次神人相遇，最終使摩西回到埃及，進入人生中最富戲劇性、最義無反顧的一場冒險。然而，回應呼召之前，他必須接受呼召；走向上帝的應許之先，他要站在上帝顯現的地方。

若果摩西跟上帝的使命結連的第一步是連結雙方最深切的熱情，那麼，第二步就是與地方有關——摩西在尋常的牧人生活中，就是那個當下所站之地，遇見上帝；他被召到遠方，就是上帝應許之地。

大部分釋經家都同意，上帝吩咐摩西脫下鞋子，是要向他傳遞關於聖潔的概念，這是《聖經》中「聖潔」首次以名詞的格式出現，而〈創世記〉2：3 論到上帝創造的第七日，「聖潔」是一個動詞。脫下鞋子是尊敬的表現，也將這次相遇分別出來。當時，摩西全身發抖，如履薄冰般步入上帝所在的範圍，平凡的山頭化成聖潔一隅。不單如此，上帝宣稱為「聖潔」的土地，正是摩西所站之處——那個壓在他腳掌之下的地面。在摩西與上帝差他前去的遙遠之地——那是遠超於米甸的生活經驗所能賦予的視野——結連之前，他必須在所處之地與上帝的聖潔和臨在結連。

照片信息

用數碼相機捕捉你生活的地方和周遭人物的面貌，包括你的城市、工作間、街道、鄰居。把照片下載到電腦，以幻燈片模式播放，邊看邊禱告。上帝藉這些圖像跟你說什麼？當中有什麼是你從前忽略了？

這裏有幾個重要的學習，有助當代的信徒尋求與上帝的使命結連。

此時、此地！

第一，雖然上帝可以呼召你到任何地方，但是，祂必定在你所在之處向你發出呼召。

當呼召臨到摩西，他不是在敬拜的地方，而是在他的「工作間」，他的生活平凡無奇，跟世人走的路沒兩樣，不過，就在這裏，上帝跟他說：「這是被稱為神聖的土地。」

很多基督徒尋索上帝的旨意時，感到困難重重，因為他們常被兩個削弱心志的詞彙所困擾——「那兒」、「要是……」。前者相信一件不可能發生的事：到了神發出呼召的「那兒」——那可能是另一個國家、教會、城市或工作場景，他們便會聽到神的聲音；他們的人生被極度渴望離開身處的地方這個想法所支配，不相信在這裏就能遇見上帝，上帝就在這裏！

至於後者，他們的想法也大同小異：要是他們能富有一點或者清貧一點，要是能擁有不同的技能或某某人的恩賜，要是結了婚或是單身，要是沒有孩子或有更多孩子……他們就可以更清楚聽到上帝的呼召。被「那兒」主導生命的基督徒，有一個假設：要聽到上帝的聲音，地域上的轉移是必須的。被「要是」支配的基督徒也有類似的思維：要先尋求處境的改變，才會聽見上帝的呼召。無論如何，他們認為上帝絕不可能在他們現時身處的地方或處境中，與他們相遇。但，兩者的想法都是錯誤的。

如果摩西的經驗依然值得今天的信徒借鑑，那麼「那兒」和「要是」的思維對我們是毫無幫助的。上帝的呼召或許會將你帶到十萬八千里之外的某個地方，祂也可能呼召你進入一個完全陌生的處境，但是祂必定會在你當下所在之地呼召你，這既是一顆定心丸，也是一個挑戰，就如發生在摩西身上的事一樣。那能使人安心，因為我們不用懼怕哪個地方或什麼處境會阻礙呼召臨到，那同時是挑戰，因為我們不能再聲稱自己總是免於上帝的呼召；再沒有所謂安全地帶，呼召的訊號也不會因為你進入隧道而受到干擾。不管我們的處境是令人羨慕或是毫不吸引，是平凡或是曲折，只要我們開放心靈，留心聽，上帝便會跟我們説話。

別再自困牢籠，快打開籠子，逃離動物園吧。

研究未來趨勢的學者常常主張，預計未來的最可靠方法就是認識現在。許多時候，基督徒會以「未來式」來看待呼召這件事，認為那是上帝安排發生在將來某個未知時刻的事情。但事實上，將來與上帝相遇，在本質上是取決於當下我們付出的努力，要是我們現在沒有尋求祂，又怎能確定日後必能尋着祂呢？宇宙中可量度的最短距離，就在你現時身處的地方和你需要聽見上帝聲音的地方之間。消滅上帝呼召之聲的惟一可能，是你選擇充耳不聞。

失敗乃神聖之地

第二，最需要聽到上帝跟他們說「你所站之地是聖地」的，是那些認為自己不配服侍上帝的人。

摩西有千百個理由去相信，上帝不可能在他所站之地向他說話。米甸是摩西流亡的地方，是屈辱的象徵，也是讓他困惑和恐懼的地方。他來到這地，打算永遠逃離埃及的皇宮及年少時所醉心的權力遊戲，他惟一可以做的，是埃及高等文化所鄙視的牧羊人，這跟浪子比喻中當上豬農的浪子沒分別。眼前一切，包括那暫時用作上帝腳凳的荊棘，並非訴說神的心意或榮耀的光芒，而是標記着失敗、軟弱、不足和挫折。米甸絕非摩西人生的巔峰，而是從未到過的低谷深處。

當代的基督徒總是為着一大堆理由，而感到被拒於神的使命之外，他們認為自己太年輕或太年老、太屬靈或太屬世、太聰明或太愚笨；然而，上帝跟每一個説：「這裏就是聖地。」如果我説我不能侍奉上帝，因為我是再婚，或者是自從離開那段熱情不再的婚姻後，我再沒有結婚，上帝會跟我說：「這裏就是聖地。」即使我有一段不為人知的過去，上帝仍會跟我説：「這裏就是聖地。」倘若我的軟弱太多，使我自覺不配侍奉，上帝依然會跟我説：「這裏就是聖地。」然後，祂讓我在神聖的使命中佔一席位。摩西認為自己不配侍奉上帝，這正正是最適合侍奉的素質，因為他知道自己的不足和需要；失敗和挫折每每是神與人相遇的地方，這地之所以是神聖，不是因為我們站在那裏，而是神的臨在。

細看你站立之處，包括它醜陋的一面；搜尋生命中一切的挫敗和缺陷、不配和疑惑，然後聆聽上帝的聲音，祂在跟你説：「這裏就是神聖之地。」

上帝的呼召會臨到每一個人，無論他是剛強或是軟弱，總是成功或經常失敗。現今的社會告訴我們，沒有人會記取得到亞軍的選手，但上帝的使命可不是奧林匹克競賽項目，最快到達終點者才得獎牌，其他人就只能觀看和鼓掌。上帝的使命是一場集體舞蹈，祂邀請每個人前來參與，並以超乎我們想像的方式將眾人的生命編織在一起，那管我們有多晚才加入，人人都有分參與。

這也是耶穌所説葡萄園工人的比喻的信息。在清早被選上的工人，跟那些接近黃昏才加入的工人，都慷慨地獲得同等的待遇。上帝的國度不是按人的標準來運作，那裏有屬於自己的邏輯，而基於這個邏輯，末後的會成為在前的，在前的反要成為最末後，幾粒酵母能改變生麪糰的本質，芥菜種的生長超越所有預期，最後更成為鳥兒的蔭庇居所。摩西為自己烙下「不配」的記號，上帝卻要把這個標籤撕掉。英格蘭南部康瓦耳（Cornwall）的農夫常常會咕噥着一個說法：「你從這兒去不了那邊。」上帝行事的方式跟這恰恰相反，無論上帝召你作什麼，你都能夠從這兒去到那邊。

我們也能成為英雄

心裏想着那些令你尊崇的人，思考他們的人生。他們的生命對你有什麼啟發？他們如何取得這些成就？你能夠追蹤並跟隨他們的腳步嗎？

隱藏，並說話

第三，即或上帝的呼召多麼特別，祂仍是透過我們熟悉的事物，將這呼召傳遞給我們。

神學家卡爾．拉內（Karl Rahner）寫道：「我現在深深明白，如果真有一條路徑帶領我到祢那裏，那路徑必然會穿越我那平平無奇的日常生活。若然我要從其他路徑逃到祢那裏，我必定是把真我丟到身後，不過，這是不大可能的，最終亦只是徒勞無益。」[1]

美國空軍研製出能避過雷達偵測的 F-117A 夜鷹戰機。戰機的隱形技術十分成功，令停泊着這些戰機的倉庫經常布滿被壓扁的蝙蝠屍體，因為牠們與生俱來的回聲測距能力也無法「察覺」體積龐大的戰機。

經驗告訴我們，上帝向我們隱藏，為的是要讓我們尋見祂。就像孩子們玩捉迷藏，祂的隱沒並非蓄意令我們看不見祂，而是要讓我們經歷尋見祂的喜悦。祂隱匿在生活中的尋常事物，然後頃刻現身，帶來驚喜，如此，必定會引起我們的注意。對摩西來説，上帝隱藏在荊棘中，因祂知道牧羊人會經過那裏。《聖經》的記載告訴我們，上帝這樣做，是要吸引摩西的注視。試想想，要是摩西對隱藏四周的驚喜視而不見，或者他對牧羊以外的事不感半點興趣，又或他只顧全神貫注地想着如何穿過山路，那麼，他一定會錯過那荊棘，也沒有發現上帝。我們是否經常無視身邊的視物，忽略了以不同面貌出現的上帝？是否經常在路上跟上帝擦身而過，卻沒有發現祂？如果祂輕輕呼喚我們的名字，我們會聽到嗎？上帝最愛躲起來，然後向我們説話，我們會否太忙碌、太自我中心，而沒有理會祂呢？如果上帝要躲藏在你生活中的荊棘，好能向你説話，祂所燃點的會是什麼呢？祂是否已經做了這件事？

兒童節目《The Tweenies》的其中一個演員，有一個患有學習障礙的兒子。每天早上，這位父親都會親吻兒子，然後才打扮成節目中的角色米洛去上班。每天放學，兒子會趕回家收看這個電視節目，從不會錯過任何一集，而他最喜愛的角色正是米洛。每當父親放工回家，他會立即伸手抱住爸爸，而爸爸就會問兒子當天過得如何、《The Tweenies》是否精彩。這時兒子雙眼總會閃出光芒，因為他認為那是世上最好看的節目，而米洛就是最棒的角色，有時他們還會聊聊米洛的滑稽表現，兒子沉醉於節目帶給他的歡樂，而父親的心也被兒子的喜樂暖透了。只是，兒子壓根兒沒想過，當他坐在電視前看米洛，其實就是看自己的父親在上班。

> 今天，我們這羣在西方文化、後現代思潮及啟蒙運動影響下成長的人，正奮力抵抗無神論的挑戰。愈來愈多信徒離開教會，神的觀念亦從我們生活中漸漸溜走……要重拾信仰的生命力，關鍵不是要尋找正確的答案，而是認真思考要如何生活。上帝的存在，就如我們呼吸的空氣，不證自明，問題是我們有沒有好好鍛煉肺功能，好能正確而暢順地呼吸……我們要如此生活，方能讓上帝在我們的生命中出現。
>
> *榮．羅海瑟[2]（Ronald Rolheiser）*

召命就在此

要在生活中看見上帝的臨在，不在於追求更多令人驚歎的事件或神蹟奇事，而在於好好地了解和詮釋發生在我們身上的事和經歷。上帝就在這裏，等待着被我們尋見，祂隱藏的臨在與我們的日常生活交織，上帝要抓住我們的注意力，問題是我們能否看到和聽見祂。就在摩西看見荊棘燃燒的一刻，他立即決定走上前細看究竟。其實，摩西沒有必要停下來，但他一停下來，便聽到上帝的聲音，這是他一切決定中最重要的一次，如此，他在尋常生活中發現上帝獨特的臨在。

高薩德（Jean-Pierre de Caussade）是一位十七世紀法國的靈修大師，他創立了一種時刻實踐的屬靈操練，這操練建基於「當下的聖事」這概念，主張無論從前光景如何，此時此地全是聖潔，因為就在當下，在這裏，上帝向我説話。如果上帝的旨意容許我來到這個地方，並讓我在一切的試煉和工作中得到塑造，那麼，祂必定在這處向我説話。此刻是神聖的，因為只有在這個時候，我可以回應上帝的愛。我腳掌所踏之處也是神聖的，因為只有在這個地方，我可以向上帝的呼召高呼「好的」。高薩德寫道——

> 在最細微、最尋常，以至最偉大的事情上發現上帝，是要具備出類拔萃和超凡的信心。又真又活的信仰，是指我們要在眾多虛假、扭曲、拆毀，以至推翻神的試圖中，鍥而不捨地尋找上帝……沒有事情可以在祂面前隱藏起來，彷彿祂是走在最細嫩的葉片、最高的杉樹、鬆散的沙粒或陡峭的山頭上。無論你往哪裏，他都走在你前頭，只管跟隨祂，你便能在任何地方尋見祂。[3]

星火不滅……

我很喜歡這首名為〈病人〉[4]的詩，我認為它是一首關於「地方」的詩。作者安妮．布賴爾利（Annie Brierley）在一所精神病院工作，她想要捕捉一種感覺——即使在這個令人沮喪的地方，希望仍在。

他坐着
身邊的人打情罵俏　尖叫　飲泣
扭開收音機
有人試圖用拳頭打穿窗户
他依然坐着

護士的聲線
融進病人的意識
員工默默展露微笑
給他送上一個特別的笑容
沒有回應

他面前是一張咖啡桌
半包煙
還有可怕的煙灰缸
堆着滿滿的煙蒂

來自一個康復者

就像吸煙機器

燃點　拚命地吸

一半　擠熄煙蒂

一次又一次　也是如是

為何他不住吸煙

卻從不將整支煙吸盡

是他那個世界的做法

還是只記取零碎的健康警告

無人知曉　他仍舊不說話

(很少人知道　但這是美好的一天)

他再度擠熄煙蒂

但　火熄不了

煙灰中　微微燃着

他　發狂似的攪弄煙灰

火　對抗地燃着

護士走過

暖暖一笑

發現那不滅之火

送回一笑

煙灰中

火花燃起

神聖的空間

聽不到上帝的微聲細語，是因為我們不曾或不敢有這樣的期望。從沒有人告訴我們，在平凡的荊棘中會聽到上帝的聲音，結果，當這微聲出現，我們往往聽不出來。瑪格麗特・史鐵夫（Margaret Stiff）認為，上帝的臨在是一個奧祕，這奧祕交織在我們處身的世界和日常生活之中，只是我們經常錯過了，以致沒有察覺。我們所尋求的奧祕，可能會以十分平常的姿態出現；我們沒有將它辨別出來，因為那未免太過普通，就像馬利亞起初誤以為復活的耶穌是園丁。若我們真的渴望明瞭面紗背後的意義，就需要更敏銳於受造的世界所蘊藏的奧祕和當中直接的表述。[5]

在你身處的地方與上帝相遇的最終結果，會使你對上帝的呼召多一份信心，少一份抓狂；那不是一個你要拚盡全力在最短時間之內抵達的地方，而是按照上帝的時間到達的目的地，你不需要一下子明白一切，也不用為着事情看來沒多少進展而感到沮喪，相反，你正與神並肩走在祂為你預備的道路上，一同步向祂所應許的將來。基督徒的保障並非在於快人一步，而是誰與你同行。

上帝是否透過你此刻的處境和所在之地向你説話？他的呼召是否隱藏在身邊人的需要、在出人意外的恩典之中，猶如陽光照進滿布塵埃的房間？祂是否想要引起你的注目，使你放慢腳步，並脱下鞋子？上帝會否是一個乘搭便車的旅客，站在你生命的路旁，而你卻因車速太快，沒半刻猶豫便揚長而去？瑪格麗特·史鐵夫如此説：「生命的驚喜會以千變萬化的形象出現，我們很容易就會錯過它們，尤其我們對驚喜要如何發生有一個先入為主的想法。」[6]

停下來，留心聽，你聽見誰在説話？

人物圖

為你的人生繪畫一幅「人物圖」。以同一個軸心畫下大小不同的圓圈，並因應關係的親疏，將出現在生命中的人和事寫在不同的圓圈內。在接近軸心的內圈寫上最重要的人物和承諾，就是你每天會與之互動的人和會做的事；然後是定期卻非頻密接觸的人和事，接着是有關聯卻甚少接觸的，最後就是那些你留意到卻不曾接觸過的人或參與其中的事。

細想這些人真正的需要。你感到哪些人會令上帝的熱情攪動，或喚起你內心的憐憫？哪些是你遺忘且聽不到他們呼喊的人？仔細反思這兩類人和他們的需要，並你對他們的回應。

望向更高更遠之地

摩西與上帝相遇的結果，是他要望向更高更遠的境地，上帝向他宣告，改變是可能的，且祂要賜給以色列百姓一個應許 —— 進入自由之地。當時，摩西穿着粗糙的長袍，赤着雙腳，一身牧羊人的裝束，但他所聽到的呼喚，卻是關乎一些更偉大的事情。若果呼召的情景是平凡得出人意表，那麼呼召的內容肯定是相反的。以色列的情況，就像在一天之內中彩票、收到巨額退税，以及被選上參加電視真人表演節目《霧水情緣》（*Blind Date*），與素未謀面的異性試着交往一般幸運。上帝不但回應以色列人的禱告，將他們從埃及人的奴役中釋放出來，祂更準備滿足他們心裏最深切的期盼。

> 解說「近視」（Meopia）
>
> 對人生召命的短視。不能或拒絕望向更高更遠的上帝，因為害怕看不到站在中間的自己。

這時，跟其他被召的人一樣，摩西正面對一個矛盾 —— 他需要同時往下看和向前望。往下看，與地土結連，就是他所站立、遇上神的地方；他與耶和華的關係並不是出於幻想或者錯覺，而是建基在失敗和妥協這等殘酷的現實之上。但同時，摩西必須向前望，望向那個無法想像、也非他現有人生經歷所能達至的境地，摩西被要求相信上帝會帶領祂的子民進入那個富庶、平安的流奶與蜜之地。釋放為奴的子民並不是上帝工作的最終目標，這是其中一步而已。神為以色列所預備的，遠超過摩西所想所求，以致他不敢輕率接受這個挑戰。

試想像，在你關心的地方，要發生一件最好的事情，勾畫出最好、最能令你感到快慰的結局，但必須合乎上帝心意，然後求問上帝：「我該為這樣的結局祈求嗎？」上帝呼召摩西前往的地方，遠超摩西的預期，因此，在認識上帝的應許以先，摩西必須張開雙眼，提高期望，懷抱希望。

> 如果上帝能作超過你所想像的事，那你何不尋求更富豐的想像力？
>
> *丹．戴維森（Dan Davidson）*

摩西脱去涼鞋，因為他知道或至少感覺到，「此時此地」在上帝的字彙中非常重要，他沒有拔腿逃跑，也沒有避開上帝當日的干預，他已經準備好要停下來、聆聽和學習。在這片熟悉的土地上，他聽到嶄新的言詞，是帶着應許和盼望的話語，一個新的開始在這個老年人的生命中悄悄萌芽。在這神聖的一刻，在標誌着失敗和沮喪的聖潔之地，摩西聽到上帝的聲音；他的生命得以改變，因為他能夠在身處的地方跟上帝連結，領受呼召，到那個上帝獨獨預留給他的地方，並進入祂旨意中那個獨一無二的位置。

要建立「在身處之地聆聽上帝對你的呼召」這個習慣，你的生命要有何改變？

啊，上帝，萬物的創造者！

張開我眼，使我看見美善

打開我的心神，使我驚歎奇妙作為

打開我耳，使我聽見別人

打開我心，使我歸向你

大衛．阿當 [7]

遙不可及

細想那些總會佔據你的思緒或挑動你的熱情、卻離你人生很遠的人、地、情景、活動範圍。我曾聽過有些人為南美洲的人民和文化着迷，有些人每次遇到或想起對抗各種成癮問題的人時，憐憫之情就會攪動內心，另一些則特別關注小孩的需要，有些人就莫名奇妙地熱衷於一切法國的東西。無論你生命中遙不可及的東西是什麼，問問自己——這是神對我發出呼召的起點嗎？怎樣才可以知道更多？我如何在祈禱中孕育這個意念，並在人羣中驗證這呼召呢？

1 Karl Rahner, 引自 Tony Lane, *Concise History of Christian Thought* (Oxford: Lion).

2 Ronald Rolheiser, *The Shattered Lantern: Rediscovering the Felt Presence of God* (London: Hodder and Stoughton, 1994).

3 Jean-Pierre de Caussade, *The Sacrament of the Present Moment* (Grand Rapids: Zondervan, 1996).

4 Annie Brierley, unpublished material created at a Spring Harvest poetry workshop, 1999.

5 Margaret Silf, *Sacred Space - Stations on a Celtic Way* (Oxford: Lion, 2001).

6 Margaret Silf, *Sacred Space - Stations on a Celtic Way*.

7 David Adam, *Power Lines*.

實踐：在當下所在之處與上帝結連，為要去祂呼召我前往的地方。

- 你上一次赤足而行是什麼時候？感覺如何？這讓你感到與土地有更緊密的連繫嗎？就你現時所在之地，你認為「當把你腳上的鞋脫下來」有什麼屬靈意義？

- 你處於什麼光景之中？你用什麼來定義生命——工作、家庭還是疾病？是什麼將你所立之地區分出來？上帝能在這裏向你說話嗎？這裏可是神聖之地？

- 上帝要在你所立之處向你說話，這對你來說是不可思議，還是理所當然？若你無法相信上帝能在此時此地向你說話，你認為原因是什麼？是因為上帝的屬性，抑或是你的本性使然？

- 你有什麼弱點？你有何失敗經歷？在什麼地方你會感到不足？你聽見上帝藉這些經歷向你說話嗎？

- 上帝的出現曾使你大吃一驚嗎？如果祂想讓你驚喜，祂會先隱藏在什麼地方？生命中哪些地方是你從不感到上帝的臨在？仔細察看，祂可能躲在哪裏？

- 對你來說，「遙不可及」的東西是什麼？上帝曾經讓你看見祂為你預備的計劃和應許嗎？是清晰的圖畫還是一些暗示？什麼方法能讓你更聚焦於上帝的藍圖？

將人生目標連於上帝的旨意

福音書告訴我們，耶穌所在之處，就有生命，祂使患病的人得醫治，憂傷的心靈得更生，被排擠的生命得到接納，被囚的得釋放，折磨人的邪靈也被驅逐……耶穌和聖靈的使命是一個造就生命的行動——醫治、釋放，維護公義與公平。耶穌沒有為世界建立新宗教，他建立的是新生命。

莫特曼[1]（*Jurgen Moltmann*）

耶和華說：「我的百姓在埃及所受的困苦，我實在看見了；他們因受督工的轄制所發的哀聲，我也聽見了。我原知道他們的痛苦，我下來是要救他們脫離埃及人的手，領他們出了那地，到美好、寬闊、流奶與蜜之地，就是到迦南人、赫人、亞摩利人、比利洗人、希未人、耶布斯人之地。現在以色列人的哀聲達到我耳中，我也看見埃及人怎樣欺壓他們。故此，我要打發你去見法老，使你可以將我的百姓以色列人從埃及領出來。」

〈出埃及記〉3：7-10

盒子裏有什麼？

世上有許多物件是我們平日甚少使用，但在危急關頭卻是不可或缺的。擺放訂婚指環的盒子就是一例，對大部分人來說，這個盒子在求婚前後幾乎是沒有用處可言，然而，在求婚這事上，由起初預備和等待時機，它在口袋裏不停地被把玩，直到對方答允的一刻，盒子在充滿榮耀的舞台中央，成為歷史的焦點，它改變你的人生。

另一樣裝在盒子、並放在車尾箱多年卻甚少用得上的，是三角形的警告路標。這個製作精巧的工具大部分時間都被摺疊放到膠盒裏，直到緊急關頭才大派用場，我們會把這個耀眼的螢光路標張開，放在繁忙道路的邊緣，試圖警惕即將靠近的駕駛者。除此以外，三角路標再沒什麼其他用途，要是你拿這個三角形物體到倫敦交響樂團的排練場地，自薦演奏三角鈴，你必定被拒諸門外；要是你把它帶到桌球室，放在桌上預備開設新一局球賽，其他人定會一頭霧水。張冠李戴，只會徒勞無功；相反，用得其所，便會如魚得水，因為無論是警告路標或是指環盒子，都是為某種用途而被造，用得恰當才能發揮最佳功效，這也是它們的存在意義。

為生命而設

訂婚指環的盒子和三角形警告路標都是為特定目的而造，而你可有想過自己是為何而生？若你曾問：「為什麼上帝要造我？」此刻，你的答案是什麼呢？

牧羊人的荊棘三角

三角形路標這個比喻，對我們了解摩西的呼召有很大幫助。經文從三方面呈現上帝的旨意，就是摩西呼召中三股活躍卻互相平衡的力量，在張力當中老牧人找到目標和方向。〈出埃及記〉揭開了耶和華、摩西及為奴的希伯來人三者之間的愛的故事。

我們知道，上帝對子民的熱情是這個故事的基礎。當上帝的熱情遇上摩西心底的牽掛，兩者產生共鳴，並重新調整了他的人生方向，不過，這仍需要一個外在因素將這股熱情轉化為行動的目標，那就是奴隸身處苦況之中。如果只有上帝和摩西，即或敍述有多引人入勝，也不能發展成一個偉大的歷險故事。每次摩西和上帝接觸，哪怕是禱告或對話，這些「第三者」都會存在，即使他們不在場，但仍會被記念。摩西與耶和華所分嚐的熱情，匯聚於同一個目標 —— 釋放上帝的選民；這是一種有導向的熱情，而非互不相干。

摩西發現上帝有一個內置的指南針，永遠指向以色列民的需要這個磁場，而摩西也被「吸引」指向同一方向。過去，摩西一直感到混亂，不知該如何回應，但這股力量已經成為他成年時期堅實的導引。如此，就解釋了何以他並不享受皇室收養帶來的好處，以及他不能安於現狀的原因，這是他流亡異鄉和迷失自我的根源和起因，但當他發現自己心底和人生的關懷跟上帝的熱情指向同一目標時，他就坦然踏進神的旨意當中。

目標導向的人生是由三股力量所界定：

一、神的熱情、計劃、旨意

二、我的恩賜、本能、內心的催逼和渴求

三、人類羣體的確切需要

宗教的觀點認為單單第一種力量便可感動人心，人文主義則認為第二種力量已經足夠有餘，至於世俗主義則完全滿足於第三種力量。然而，使命要有果效，就缺一不可。在這三種力量界定而成的「目標三角形」中，我們得以認清和參與上帝的旨意，尋求個人的成長和滿足，關愛和服侍身邊的人羣；我們不能容讓任何一方因被忽略而萎縮或扭曲。當被問到律法的總綱，耶穌的回答正正描繪了這個三角形所覆蓋的範圍——

你要盡心、盡性、盡意愛主——你的神。這是誡命中的第一，且是最大的。其次也相倣，就是要愛人如己。這兩條誡命是律法和先知一切道理的總綱。

〈馬太福音〉22：37-40

你、上帝、你的鄰舍——完美的愛的三角

與上帝相遇的經驗中，融合三股力量而來的目標成為摩西的生活藍本。〈出埃及記〉由三部傳記交織而成，分別是耶和華的故事、摩西的人生和以色列人的經歷，貫穿整個敘述是三者之間的互動，如此成就了這齣好戲。

無論上帝為你的人生預備了怎樣的目標，可以肯定的是，你必會被吸引到這個三角關係之中。上帝給你的目標會同時達到三個目的——

- 上帝投放在你身上的熱情和潛能會得到盡情發揮。換言之，上帝的呼召為你的身分提供最終極的定案，在祂的光照下，你會更明白自己是誰。
- 邁向釋放和救贖人類的目標，使他們的需要得到滿足。呼召將人從各種轄制中釋放出來，好能回歸被造的本意。
- 上帝為世界的益處而訂立的目標得到實現。呼召是因上帝的本性而生，也表述了祂是誰。

對摩西而言，明白、探索、享受和實現上帝的召命，意味着即將進入一個三向的冒險之旅；實際上，他是被召去認識上帝、認識自己和認識百姓的需要。想要尋求上帝所賜的人生目標，可以從這三方面着手，並且必須取得平衡——你所作的，既要符合上帝的計劃，對解説你的身分亦具

意義，並能滿足他人的需要。當摩西進入上帝的旨意，他同時進入自己真正所屬的身分，在愛與服侍中前行，參與在上帝的計劃中。

目標三角形

在紙上畫一個三角形，在三個角的位置分別寫上：上帝的旨意和熱情、我心底的目標和熱忱、世界的需要。

仔細思想，你現在處於三角形中哪個位置？你對上帝的旨意比自己的角色知道得更多嗎？你看重自己的需要和抱負多於別人的需要和渴想嗎？還是你看別人的需要過於自己，以致忽略一己的感受，或賠上上帝的計劃？你最接近三角形的哪一方？距離最遠的又是哪一角？採取什麼行動會有助三者取得平衡？

投入身分

電影《黑超特警組》是一個反傳統的故事，講述分別由韋・史密夫（Will Smith）和湯美・李・鍾斯（Tommy Lee Jones）演繹的特警傑和特警凱，是「黑超特警組」這個高度祕密組織的首席成員，負責監控和指導地球上的星際「訪客」，特別是聲名狼藉的外星人，好能保衛地球免受這些宇宙渣滓破壞。電影的續集由特警凱的退休和特警傑負責測試新加入組織的夥伴説起。危機出現，迫使特警傑要邀請凱重出江湖，但問題來了，退出組織的凱早已被「洗腦」，他對組織以至外星客戶的一切記憶全被洗光。當時，他在一所地區郵政分局工作，生活愉快而平靜，完全沒察覺從前的生活，也忘記了自己是誰。

傑到郵局游説凱去重新恢復記憶，可是凱不肯合作，即使發現新來的同事全是外星人偽裝，他仍沒半點醒覺。在絕望之際，傑借助凱點點殘餘的記憶，跟他説：「當你抬頭凝望星空，在肺腑深處，你隱隱感覺到不知道自己是誰，好像你知道太空的事，遠比地上的事還要多……如果你想要知道自己到底是誰，來，跟我一道走……」

> 單單在自己的世界裹空想，是不會找到出路的，你必須起來行動。
>
> *湯姆．彼得斯（Tom Peters）*

這戲劇性的一刻，跟耶和華與摩西在燃燒荊棘中的對話十分相似。面對從上而來的偉大呼召，牧羊人立即問：「我是什麼人？」其後，他提出了「你是誰」的疑問。可見，他最首先的想法，正是他在信心和自我意識之間的苦苦掙扎；上帝的回答也饒有啟發，祂沒有正面回覆摩西，只是説：「我必與你同在。」一旦踏進上帝的旨意，摩西便找到自己真正的身分，他知道上帝的選擇是明智的，因此，他必須信賴創造者的判斷，並向前行。「如果你想要知道自己到底是誰，來，跟我一道走。」

> 目標是我們裏面最深層的面向，也是我們的核心或本質，令我們清楚知道自己是誰，從何而來，要往哪裏去。上帝如今仍然向信徒發出邀請，若果他們像耶穌一樣，願意以上帝的心意為自己的人生目標，他們就會發現自己所帶來的改變。
>
> *湯姆．史利夫婦*[2]（*Tom & Christine Sine*）

本質上，我們的身分就隱藏在我們的命途當中。呼召我們的，就是創造我們的那一位，當我們進入上帝的旨意，我們會愈發察覺到神為我們預備的，是何等適合我們。

> 拉比蘇斯亞（Zusya）……說：「在將來的世界裏，他們不會問我：『為什麼你不是摩西？』而是會問：『為什麼你不是蘇斯亞？』」
>
> *約翰．格拉斯*（*John Glass*）

摩西要與上帝的旨意結連，實非易事。許多年來他徘徊尋覓，滿腹疑惑，還有不少亂衝亂撞的時刻，但當他承擔上帝為他安排的角色，那無疑是一個完美的配合；在上帝心目中，只有摩西最適合這個角色，別無他選，沒有其他希伯來人想過要接近法老，所以他們根本不會理會這個呼召。你可試着致電到英國首相府或者美國白宮，報上名來，然後説要找首相或總統先生。除非你是名人，且身分得到核實，否則你連第一位接線生這個關卡也無法通過。摩西能夠接近法老，因上帝早已精心安排他的一生，但惟有跟上帝的計劃連繫起來，他的過去才能發揮作用，不論好的、壞的、卑劣的，都變得獨具意義。

> 你有生存的理由和明確的人生目標嗎？還是不斷被外界的力量拉扯，以致經常轉移方向？你想要從個人的成功走向對世界發揮影響力嗎？你是否明白到依靠自己只會帶來失敗，而憤世嫉俗的方式最後也無法提供出路？聽從拿撒肋人耶穌的吩咐，回應祂的呼召吧。
>
> *葛尼斯[3]（Os Guinness）*

許多人感到現代人崇尚消費的生活模式，簡直是一塌糊塗，道格拉斯・柯普蘭也是其中一員。他在《上帝死後的人生》（*Life After God*）一書中寫道：「我是世界上最失敗的人；我甚至不能怒惱，只可以發出絕望的呻吟；連我自己也不知道，若果讓我重新活一遍，我會否有改變，因為我根本不知道什麼是正確的路。」[4]有不少人要掙扎多年，才能找到真正的自己和個人的價值感，就像尚未被人發現的古物一樣，它們年復年埋在地底下，不知道自己來自何方，也沒法認清自己的內在價值。他們需要像參加電視節目《古董巡迴》[5]（*Antiques Roadshow*），讓上帝前來考究他們的身分。對摩西而言，他的身分就在燃燒的荊棘中找到。身分探索的關鍵在於跟上帝的使命連接，只要在上帝的計劃中，朝着目標向前邁進，你便會找到真正的身分；連於上帝的使命，你便能與真我結連。

你想知道自己到底是誰嗎？進入與創造者的夥伴關係，就能創造歷史。

身分遊戲

在紙的上方，完成「我是______」這個句子，將這部分摺到後面，再寫下另一個「我是______」句子，將之摺到後面，如此類推，直至你完成約六至十個這樣的句子，重新翻開紙張，細閱所有「我是______」的陳述。如果這個就是你，上帝最原本為你所定的旨意是什麼呢？為每一個新的發現獻上你的祈禱。

在愛和服侍中前行

> 如果你感到疑惑，不妨試試以下方法：回想你遇過最窮困和最軟弱的人，問自己，你正考慮的行動對他們是否有幫助。
>
> *莫罕達斯．甘地（Mahatma Gandhi）*

與上帝結連之後，摩西與他被召去服侍的羣體也逐漸緊密地連繫起來。年輕時，他嘗試跟同胞建立關係，但遭拒絕，流亡米甸，不單是逃離埃及宮廷，更是被為奴的同胞放逐；他渴望幫助有需要的人，但不得要領，直至在燃燒的荊棘中得到呼召。至此，幫助受壓迫者的宏願終於有機會實現，甚至比他預期的更為瘋狂。跟上帝結連沒有令摩西與世界脫軌，兩者的關係反而更加深厚。這是一趟深入屬靈生命的測試：倘若委身令你離世界的需要更遠，這是一個極大的危機——是逃避主義多於信仰委身；另一方面，若你只記掛世界的需要，忘卻與上帝——生命的源頭——結連，那麼你很快便會耗盡。惟有當這「三角關係」保持平衡，你才能有所貢獻，並為有需要的人帶來祝福。

約翰・派博（John Piper）在思想耶穌提出「愛鄰舍如同自己」的誡命時，有十分貼切的描述——

> 耶穌教導我們：「你怎樣愛自己，也要怎樣愛你的鄰舍。」意思是，當你飢餓而渴望進食時，要同時渴望能供給正在捱餓的鄰舍；當你渴望穿好的衣服，也要渴望你的鄰舍能穿得好；當你渴望有一個舒適的居所，也要渴望你的鄰舍能住得舒適；當你在災難和暴力中尋求和平安穩的生活，也請為你的鄰舍尋覓安逸和平的生活；當你尋找朋友，你也要成為鄰舍的朋友；當你想活得有價值和意義，也要希望你的鄰舍能同樣活得有意義；當你為自己努力爭取好成績，也要盡力幫助鄰舍獲取好成績；當你希望融入新的工作環境，你也要接納你的鄰舍，讓他們能融入新公司……換言之，你想追求多少，就要付出多少。
>
> 「如」是一個相當激進的字，「愛人如己」就是，如果你傾力追求一己的快樂，也要為鄰舍傾力謀取幸福；如果你為快樂而奇謀盡出，你也要為鄰舍的快樂盡顯創意。耶穌不單叫我們為鄰舍尋找自己同樣渴想的東西，而是以同樣的熱切，花同樣的精力，用同樣的創意和百折不撓的毅

力，為他們尋找幸福。

比較一下，你為自己追求多少？又你為鄰舍付出多少？你多是追求自己的幸福，還是追求別人得到快樂？你如何追求自己的益處，同樣，請你追求鄰舍的益處。[6]

麥博恩（Bryant L. Myers）進一步說明這個信息。他指出，當我們問「誰是我的鄰舍」時，我們可以將對身邊人的愛與關懷，向外伸延至其他有需要的人。他將當代被扭曲的鄰舍關係，跟朝向天國那個更整全的可能性作一比較，這個進路讓我們更能切實地檢視自己，並尋找一個合適的起點，好能與鄰舍重建關係。

邁向天國的價值表[7]

價值	現今扭曲的版本	更像天國的版本
忠誠	只對家人	對所屬羣體
對人的看法	權力最重要	人是最重要
憐憫	對我們有利的人	對需要幫助的人
悔改	被逮住時	出於承擔責任
寬恕	自己曾得罪的人	所有傷害我的人
分享	只與家人	與有需要的人
公平	屬富有的人	屬全人類
公義	在有權有勢的一方	屬全人類，即或最軟弱的
和諧	家庭之內	在社羣以至全世界之內

我們是否太過自私，想要獨佔神的祝福，並以為神的施予只屬於自己？還是懂得將從神而來的愛和祝福跟有需要的人分享？若果我們在人生目標的三角關係中，跟他人的關係比較薄弱的話，我們如何能將之加強呢？

> 在北美及西歐，有數以百萬計的人正絕望地試圖以更多物質來換取幸福，卻徒勞無功，他們盲目地追求財富、權力，成為拜物主義的奴隸，導致酗酒、婚姻破裂和心臟病。另一邊廂，耶穌卻賜下真正的喜樂，這份喜樂不是來自得到更多，而是因為付出。
>
> *羅恩·塞德[8]（Ron Sider）*

從對外的層面來看，上帝的呼召反映出一個事實：無論是有心抑或無意，我們的所作所為都會為他人帶來不同的後果，甚至造成深遠的影響。國際新聞記者約翰·辛普森（John Simpson）在一篇有關他偶遇米哈伊爾·卡拉什尼科夫（Mikhail Kalashnikov）的報道中，有力地闡明這點。米哈伊爾是發明 AK-47 型突擊步槍的人，全球任何一個角落若因這步槍發生事故，在那裏必會聽到這位發明者的名字——

> 即或他的謙遜很值得讚許，但是想到他曾作的事，包括多少被殺害的人以及所造成的痛苦，他成了我這輩子遇過最差勁的人。也許他只是負責設計工作，但正是這槍械優異的性能，帶來了極大的破壞。安德烈·薩

哈羅夫（Andrei Sakharov）是蘇聯的核武之父，後來他成了政府的頭號異見分子，可是，罕有地，聞名國際的米哈伊爾不但毫無悔疚，他更單槍匹馬跑去從政。

或許，自責與否已經不再重要，也無補於事，因為死去的生命不能再活一次，但重點是，你不須成為惡魔，也能做出邪惡的事。在工業和後工業年代，有時候，單單是講求高效率，就足以帶來不堪設想的後果。[9]

> 享負盛名的品牌和惡劣的生產環境，就是這個令人不安的組合，將耐吉（Nike）、迪士尼（Disney）和沃爾瑪（Wal-mart）這些大品牌，變成教人陌生而不人道的經營手法的有力代名詞。為這些品牌生產的血汗工廠，道出了全球經濟不公和可憎的一面：企業管理層與品牌代言人薪酬之高，令人難以理解，數以億計的金錢花在拍攝廣告，打造品牌，而支撐着這一切的背後，是一個又一個貧民區、環境惡劣的工廠、無數年輕婦女的悲劇和無望，就像我在菲律賓甲米地省遇上的婦女，她們正在掙扎求存。
>
> *娜歐蜜・克萊恩[10]（Naomi Klein）*

只有當我們承認人類的需要確實存在，並在我們對世界的影響中尋找神的記號，我們才能帶來改變。就像摩西，他在自己的文化和處境中尋找上帝的旨意，我們也須如此。在不公義和充滿壓迫的世界裏，請捫心自問：「往後，我們該怎樣生活？」除了眼前的成果，我們所作的有什麼長遠的意義呢？這又給世界留下了什麼呢？

親愛主，教導我成為慷慨的人，
教導我事奉祢，因祢是配得的，
付出，但不計較，
奮鬥，卻不後退，
辛勞，不求休息，
工作，不望回報，
只求跟隨主意而行。

聖依納爵．勞耀拉（St. Ignatius Loyola）

加入上帝的計劃

> 讓夢想成真的最佳方法，就是立即覺醒過來！
>
> *保羅．瓦列利（Paul Valery）*

如果教摩西感到驚訝的事，是上帝對子民深切的熱情，和他自己竟然有分參與其中，那麼更令他意外的，便是上帝的旨意牽繫全世界、全人類。在〈出埃及記〉開首數章，表面看來，把奴隸從埃及釋放出來已經很足夠，而這個大膽的目標，就像今天要攀登珠穆朗瑪峰或獨自揚帆環遊世界一樣，我們無法想像還會有更遠大的成就；不過，接下來的故事告訴我們，這一切不過是神聖而偉大的計劃中的一小步。

在〈出埃及記〉19：4-6，上帝吩咐摩西：「『我向埃及人所行的事，你們都看見了，且看見我如鷹將你們背在翅膀上，帶來歸我。如今你們若實在聽從我的話，遵守我的約，就要在萬民中作屬我的子民，因為全地都是我的。你們要歸我作祭司的國度，為聖潔的國民。』這些話你要告訴以色列人。」

> 可以肯定的是，耶和華——揀選以色列的神——是世界的創造者、擁有者和主宰（〈申命記〉10：14），祂揀選以色列是為世界的緣故，而非單單為這個民族。這個揀選不是要否定其他邦國，而是為了全人類的最終益處。那麼，與其問被「差派」出去的以色列是否有自己的使命，我們更需要從上帝對整個世界的計劃中，了解以色列民族肩負使命的本質。以色列的使命在於要成為什麼人，而不是要去什麼地方。
>
> *克里斯多佛．萊特[11]（Christopher Wright）*

馬克．史帖（Mark Stibbe）這樣解釋上帝揀選以色列的重要性：「上帝由萬族中揀選以色列為自己的子民，祂選擇這羣毫不起眼的人，又使他們成為歷史上最舉足輕重的民族；祂選擇這個極平凡的羣體，並賦予他們最非凡的目標。為什麼？因為祂是一位慈父，單單出於恩典，祂選擇以愛懷抱眾人。」[12]

當摩西在上帝的計劃中踏前一步，他發現自己行走在更廣闊的領域裏，在那個大如宇宙的計劃中，上帝給他一個席位，並讓他在一幅更廣闊的圖畫中，瞥見自己的角色是如此重要，他一個微小的回應，就跟上帝的大計劃連接起來。

> 救贖包括修補破損的關係——跟上帝、跟別人，還有跟大自然，這包括醫治人、為受壓的秉行公義，看守管理大自然。這在許多不同的層面運作：靈性、心理、肉身、經濟、社會和政治。上帝渴望一切受造之物能回復本相，回歸完全，無一例外。
>
> *克拉克．平諾克，羅柏．布朗*[13] *(Clark Pinnock & Robert C. Brow)*

與上帝的救贖計劃連結，不等於「要成為佈道家」，也不局限於向人作見證或跟親朋好友傳講福音，雖然有些人會這樣選擇。《聖經》對救贖有這樣的看法：使破損的關係——跟上帝、他人和大自然——重新復和。希伯來人的祝福語「沙龍」(Shalom)，是指伴隨上帝國度而來、全面而多樣化的和平，在多個層面呈現出來，包括靈性、心理、肉體、經濟、社會和政治。眼前的一切都是上帝所創造，也同樣被墮落影響，但同時這一切皆在救贖的應許當中。所以，當我們深思以下問題，便能在任何場景中跟上帝的使命接通——在這個處境中，救贖代表什麼？罪怎樣奪去上帝賦予受造世界的恩典和祝福？耶穌的救贖大能又如何扭轉困局？

賙濟窮人、踢足球、參加福音聚會、舞台演出和藝術展覽、幫老人家買東西、爭取社會公義、參政、創造並善用財富、玩滑板、到酒廊消遣、寫作、拍攝……在上帝的計劃中，這一切都有其位置，無論表面看來是意義重大，還是消閒玩意，只要是出於回應上帝的吩咐，以及降服於聖靈的催促下進行的，都會被轉化為使命的一部分。

這就是與使命結連而來的目標感的獨特之處。戰場上，我們只是看到自己有分參與的戰事，但上帝看見整場戰役，並使我們明白，我們的小行動對整個局勢舉足輕重，我們微小的順服，會因着上帝慷慨的恩典，能有分於偉大的救贖計劃中，這是多麼令人鼓舞。

> 以色列的神賜下的和平、平安、無微不至的祝福，這就是天國降臨。教會是一場運動，從進入世界開始，以世界的需要為念，並把上帝和平的恩賜傳揚開去。
>
> *紐畢真*[14]（*Lesslie Newbigin*）

當劇作家瓦茨拉夫·哈維爾（Vaclav Havel）成為後共產時代第一位捷克總統時，他公開表示，個人轉化才是改變世界的途徑。他問道：「什麼能改變今日文明的方向？」

> 我深信，惟一的選擇，就是在靈性的領域和人性良知方面的改變。發明新機器、制訂新條例、建立新制度，這並不足夠，我們必須以嶄新的角度來理解人生的真正目的。只有作出根本的轉變，我們才可建立新的行為典範和價值觀，貢獻世界。

要回答哈維爾的提問，最簡單直接的答案是：與上帝結連的人——在上帝的使命中找到自己的位置，連於創造主，以祂的旨意為自己奮鬥的方向，尋找自己在救贖計劃中的分，把平安帶到世界每個角落。只有在那些準備好與自己的身分、與上帝的本性和祂對世界的旨意角力的人當中，才能找到締造歷史的人。

> 雅各跟天使角力，
> 耶穌與魔鬼爭辯。
> 成為聖潔，就是要奮力掙扎，
> 免於一切的邪惡。
> 你必須力拚，
> 你必須為自由爭戰。
>
> *援引自格拉斯哥的一場子夜崇拜*

插曲　跟隨聖靈，進入使命

帶着愛到俄羅斯去

多年前我第一次到訪俄羅斯城市薩拉托夫。這城市位於窩瓦河岸，人口大概有一百萬，距離中亞洲最大的共和國哈薩克斯坦的邊境約有一個半小時的車程。幾個月以來，有人一直寫信要求莫斯科救世軍總部派員到該城，這是常有的事，我們也經常收到類似的請求。由於那是我負責的地區，總部派我前往了解情況。於是，我帶着那個接待者的名字，便踏上飛機。

離開機艙的時候，已是晚上十時半，那是一個寒冷的二月天。有兩個衣着光鮮的男人正等着我，他們手裏拿着無線電話，領我上了一輛簇新而裝滿汽油的豐田吉普車。在俄羅斯，如果你擁有無線電話和全新的吉普車，那通常表示你是黑幫人馬。情況愈來愈有趣了。

後來，我在言談之間發現我的東道主並不是信徒，而是一個典型的物質主義者，看來他也沒打算讓自己顯得不那麼庸俗。車子開動後，我們初次談話大概如此——

「杰夫，要抽口煙嗎？」伊夫洛問。

「不，謝了，我不抽煙的。」我答道

「不抽煙？」

「對。」

（一會之後）「那喝不喝酒？」

「也不喝。」

「女人呢？」

「我就只有內子。」

（稍稍停頓）「嗯，我也一直想着要戒煙。」

在我逗留的四天裏，他們帶我走訪這個城市，見了許多人。後來，我們到了一處類似兒童之家的地方，那裏由警察看管，但實際上，那是囚禁兒童的監獄。這座龐大的洞穴式建築於 1837 年啟用，現在，裏面年紀最小的孩子只有六歲，最年長的亦不過十六歲。當中，有在公路上向長途貨車司機出賣身體的十二歲女孩、十歲的吸毒者、八歲的小偷。那些警察是負責照顧他們的！我被帶到一個房間，伊夫洛說：「在上個世紀，這房間原是一所教堂，但現在我們找不到誰來這裏做點事。這些小孩需要一些生動有趣的活動……」接着，他在描述一個他從沒見過的主日學活動。我們離開時，他再跟我說：「要是你來，你可以做這個……你喜歡幹什麼也可以！」

我一直很困惑，不明白他們為何有興趣接待救世軍的代表，我也嘗試向他們暗示，即使我是外國人，也不代表我富有，就是救世軍來到這城，他們亦不會得到一分一毫。我三番四次的說：「救世軍不是一門生意。」我意會他們聽到了，卻根本不明白。

離開前的一個晚上，我坐在公寓裏的白色真皮梳化上，周圍放滿了歐洲名貴用品。我直率地問：「伊夫洛，為什麼你們要請救世軍來？你們會得到什麼好處？你們到底什麼葫蘆賣什麼藥？」

就在這一刻，奇妙的事情發生了，耶穌藉着這個惡棍向我說話。我肯定伊夫洛大概連《聖經》也沒見過，更遑論讀過其中一章，但他抬頭，看着我的眼睛，說：「你道知嗎？九十年代，我在莫斯科待了好幾年……那時我給關入大牢，你們來看我……，其實是一個來自救世軍的老太太來看我，那時我就跟自己說：『救世軍是一個很好的組織。出獄以後，不管怎樣我也要把他們弄到這裏來。』就是這個原因。」

問題是：我們應該按黑幫的要求，在這裏開辦救世軍服務嗎？

杰夫．榮恩隊長[15]（Captain Geoff Ryan）

這位上帝

這位上帝
祂看管世界
看透我心

這位精密的計算者
數算無窮無盡
連我也算上

這位藝術家
祂的油畫布張開
永恒在兩端
祂用調色板上的顏料為世間着色
為我的畫像塗上色彩

這位戀人
祂的夢想瀰漫宇宙
夢中有我

這位創造者
祂的視野廣闊　超越時間
宇宙由祂孕育
祂的旨意如織造的地毯
交融而不混亂

龐雜也被遮蓋

鋪開如公路　穿越歷史

他心跳如雷

寰宇也震耳欲聾

這位父親

親我

這位劇作家

演出

以死亡與繁星為開端

撰稿

從序幕至終局

明白

劇作的心思

觀看

我絕劣的試演

並加入

我

在劇中

謝拉・凱利，2001

這是我的教會

肯尼．米切爾（Kenny Mitchell）是一個專業的唱片騎師，他把現代的器材，如唱盤、鐳射唱機、電子鼓、雜錦唱片和電腦，比作古以色列聖殿的樂器。每當他在「世俗的」酒吧做着唱片騎師的工作，他說：「我會祈禱：『好！上帝，這裏有些人情緒低落，有些卻很高漲，也有些身體不適，我希望在這裏看見自由和喜樂，以及一些從真理而來的東西。祢已經給我兩台唱盤和一台鐳射唱機。上帝，祢作工吧。』然後，祂就行動。」肯尼描述他在日本大阪一間夜店的經歷：「那是凌晨三點半，他們還在不停舞動，上帝就藉着音樂作工。透過在休息室傾談，四個人成為了基督徒。未信的人渴求屬靈經驗，只有基督徒才會害怕這種經驗。」

1 Jurgen Moltmann, 引自 Timothy Yates, Ed, *Mission: An Invitation to God's Future*（Sheffield: Cliff College, 2000）.

2 Tom and Christine Sine, *Living on Purpose*（London: Monarch, 2002）.

3 Os Guinness, *The Call*, 7.

4 Douglas Coupland, *Life after God*.

5 譯注：英國廣播公司一個極受歡迎的電視節目。攝影隊與鑑賞古董的專家巡迴不同國家，由參加者將自己的珍藏帶到攝影場地，供專家賞評，並為物品訂定真正的價值。

6 John Piper, *Desiring God*（Downers Grove, IL: InterVarsity, 2002）.

7 Bryant L. Myers, *Walking with the Poor: Principles and Practices of Transformational Development*（New York: Orbis Books, 1999）, 184.

8 Ron Sider, *Rich Christians in an Age of Hunger*（London: Hodder and Stoughton, Revised Edition, 1997）, xiv.

9 John Simpson, *A Mad World, My Master*（London: Macmillan, 2000）, 87.

10 Naomi Klein, *No Logo*（London: Flamingo, 2000）, 329.

11 Christopher Wright, 'Christian Mission and the Old Testament: Matrix or Mismatch?' http://ebookbrowse.com

12 Mark Stibbe, *Form Orphans to Heirs*（Oxford: BRF, 1999）, 35.

13 Clark Pinnock and Robert C. Brow, *Unbounded Love*（Oregon: Wipf & Stock. 2001）, 112.

14 Lesslie Newbigin, *The Open Secret: an Introduction to the Theology of Mission*（Grand Rapids: W.B. Eerdman, 1995）, 48.

15 Captain Geoff Ryan, *Sowing Dragons: Essays in Neo-Salvationism*,（The Salvation Army Canada, 2001）, 76.

實踐：在所立定的人生目標，與上帝於我的處境和文化中所定的旨意之間，尋找結連。

- 你是誰？你對自己的身分有很強烈的意識嗎？無論是否與工作有關，你所作的能反映出你是誰嗎？你有隱藏不易被人發現的一面嗎？若果上帝要帶你到一個能讓你認識自己的地方，你願意隨祂而去嗎？
- 「為服侍別人而生」這個想法吸引你還是令你反感？你試過服侍別人嗎？若這要成為你生命的優先，你需要如何改變自己？
- 你認為使命與傳福音基本上是同一件事嗎？你能否看出箇中分別？上帝的使命最終也會令人成為基督徒，你同意這個說法嗎？若上帝的使命不局限於傳福音，那你認為祂會以什麼方式來表述呢？
- 對你而言，平安是什麼？你經歷過哪方面的平安？你又渴望得到哪方面的平安呢？對你的鄰居、同事和朋友而言，平安有什麼意義呢？
- 你體會到神賜給你最終極的目標嗎？那會包括你生活中哪些活動和範疇？又會排除你生活中哪些方面？若要達成目標，你還要走多遠路？
- 誰是貧窮人？你的生命如何觸動他們的生命？你知道如何向他們傳遞上帝的祝福嗎？你願意這樣做嗎？

4 Power

能力

將一己軟弱連於上帝的大能

你不用幹偉大的事，但要用偉大的愛做微小的事。

德蘭修女（Mother Theresa）

摩西回答說：「他們必不信我，也不聽我的話，必說：『耶和華並沒有向你顯現。』」耶和華對摩西說：「你手裏是什麼？」他說：「是杖。」耶和華說：「丟在地上。」他一丟下去，就變作蛇；摩西便跑開。耶和華對摩西說：「伸出手來，拿住牠的尾巴，牠必在你手中仍變為杖；如此好叫他們信耶和華——他們祖宗的神，就是亞伯拉罕的神，以撒的神，雅各的神，是向你顯現了。」

〈出埃及記〉4：1-5

有一位年輕修士，到一間古老修道院接受首次的修煉任務，他要跟其他修士一道細心地抄寫古老經卷《生命之道》。不久，他發現各人都是根據手抄本來抄寫，原稿卻不見蹤影。他想知道當中的意義，便向院長提問，他指出，除非手抄本是對照原稿來抄寫，否則最細微的錯誤，在抄寫過程中都會被倍增和擴大。老院長解釋，已經沒有人記得修士們是從多久以前，就開始這樣對着手抄本抄寫；至於《生命之道》的原稿，早已被鎖在修道院地窖內的儲物室。

院長説：「但你説的也有道理，我現在就去檢查一下那原稿。」

院長帶着其中一份手抄本，走進深不見底的地窖，幾分鐘過去了，幾個小時亦過去了，但院長久久也未回來。

年輕修士開始擔心，便隨着院長的腳蹤，走下樓梯，還未到那個神聖的地窖，便聽到響亮的迴音，是哭泣聲。從打開了的門往裏面探頭一看，他發現老院長手執封塵的原稿，正把頭向牆邊猛撞，泣不成聲。

年輕修士問道：「神父，發生了什麼重要事呀？」在痛苦的哭泣聲中，傳來院長的回應：「那字應該是『慶祝』。」

任何信仰和思想經過一代又一代流傳之後，誤解總會被擴大和倍增。中國人口耳相傳的方法，雖不致謊話連篇，但難免與真相相違。所以，當信息以訛傳訛，我們對掌握上帝的旨意便有所偏差，情況往往是我們意想不到的。拜耳濡目染所賜，基督的福音被誤解最深之處，是權力在人生命中的位置。世世代代以來，全球基督徒羣體的見證都因人類對權力的欲求和濫用而受到破損。尼采相信人類一切的動力來自「權力意志」(will to power)，但這個主張令人難以信服，就如我們不會輕易全盤接受佛洛依德學説的核心——人的動力無非是性，或者馬克斯所斷言的經濟決定一切；但我們不能否認一個事實：金錢、性、權力的欲望對人有強大的影響。

> 不公義的出現，源於濫用權力，就是奪取上帝賜給別人的東西，如生命、尊嚴、自由、愛的成果和勞動的回報。
>
> *侯嘉理*[1]（*Gary A. Haugen*）

要了解上帝屬意的權力運作方式，我們必須先參考權力原來的面貌，就是那個未經歷世歷代誤解和誤用的原型，《聖經》給我們提供了不少權力的模楷，而摩西的呼召就是其中一例。摩西與燃燒中的荊棘相遇，無疑就是一種與權能相遇的經歷。對比起初那個戰戰兢兢的牧羊人，和後來那位堅強勇毅的領袖，惟有出於上帝的大能，才能解釋發生在摩西身上的變化；當然，這不是漫畫式英雄故事中所描述的能力，也跟我們對權力運作的理解不同，而上帝賦予權力的方式與我們的亦大相逕庭。摩西的經歷有許多值得我們學習的地方。

> 你們誰也清楚知道，人類是何等迷惘和軟弱，形形色色的糾葛和罪惡更在我們身上生根。然而，基督把一種權柄留在世上，是白白送給我們的，那就是恩典。在俄文，恩典（blagodat），即美好事情（blago）是白白賦予（dat）的。你不用為此努力，那是一份禮物。
>
> *珍妮．羅伯森（Jenny Robertson）*

木杖改造計劃

如果有「全球最爛笑話」選舉，入圍作品一定不少，以下可能是其中一則——

問：什麼是棕色又帶黏性的呢？

答：木杖，就是摩西的杖。

一枝平平無奇的木杖，卻在摩西被上帝改變一事上，扮演重要的角色。那麼，你手裏是什麼？

摩西眼前是一個艱巨的挑戰，也是一個看來沒甚可能成就的呼召。先不談法老和他的部下，要是以色列百姓不相信他，他該如何？摩西如此求問上帝。上帝的答覆在歷世歷代的信徒當中重覆出現，因為每個信徒在生命中某個時刻，總會站到相同的舞台上，回答相同的問題——你手裏是什麼？摩西手裏只有一根杖。這根普通的杖是牧羊人的標記，甚至可能是摩西用細心挑選出來的樹枝親自打造而成的，這木杖被神的大能轉化，從當天起成了「上帝的權杖」。當摩西和亞倫面見法老——埃及至尊無上的權力核心，他們帶着的就是這根杖（〈出埃及記〉7：9）；當摩西朝着紅海振臂一舉，大海一分為二，手裏握着的也是這根杖（〈出埃及記〉14：16）；以色列人跟亞瑪力人奮戰，摩西在山上舉起雙手，他手拿着的仍是這根杖（〈出埃及記〉17：9）。旅程完結之際，這根杖扮演的角色幾乎跟它卑微的主人同樣重要；在整個出埃及故事中，它成了上帝權能的象徵。

> 摩西手裏拿着神的杖（〈出埃及記〉4：20），以此事奉上帝，過去的平庸已變得不同凡響。滿有上帝恩賜的摩西，躊躇滿志的返回埃及。
>
> *《種籽聖經註釋》*[2]（*The Expositor's Bible Commentary*）

上帝選擇摩西的杖作為施展大能的工具，這十分重要。無疑那根杖是一件方便的道具，又是摩西整天帶在身旁的物品，但它的意義不僅於此。這根杖象徵着出現在摩西人生中的一切岔子——窮困、羞辱、失敗、恐懼，也説明摩西牧羊人的身分，為埃及人所鄙視，還有他流亡米甸的命運，以及從前曾經一度有望能發熱發亮的人生；這杖更道出了不值一提的牧羊人生涯，但，在這裏，就是摩西最軟弱之處，上帝要彰顯大能。在這個上帝賜下能力的傳奇中，我們認識到——

第一、貧乏中的力量：上帝的大能彰顯在人的軟弱上，祂的權能臨到，而軟弱猶在。

第二、人能力以外的力量：我們被召完全靠賴上帝的能力而活。

第三、夥伴合作帶來的力量：上帝的大能為我們的能力和軟弱帶來轉化。

第四、帶有能力的使命：上帝的大能最終能成就祂的計劃。

> **你手裏是什麼？**
>
> 木杖標誌着摩西的工作、平凡的人生和失敗的經歷。如果上帝要用一個物件去代表你人生中這幾方面，那會是什麼？神的膏抹對這記號有何影響？

成為軟弱

此外，上帝向摩西作了一個保證：無論他往哪裏，必有神的大能作為他的裝備。從此，無論是工作或是踏上征途，他都要確保手中有杖，好使上帝的權能成為他隨時的幫助。這同時是一個提醒：只要手握神的杖，摩西便會想起自己的過去，這並非出於顧影自憐的病態意識，而是叫他認清自己的軟弱，並懂得飲水思源，緊記自己是從哪裏來的。

> 分享屬靈經歷的信息所用的話語，要帶有權能和力量，但這些權能和力量必須源自心靈深處的靜默之靈。
>
> *若望．邁恩神父[3]（John Main）*

當摩西站在法老面前，手中的杖可以令他認定自己是個不中用的老牧人，然而，每一個階段，上帝絕對的勝利總會與摩西的軟弱同步出現。拿着牧羊人的杖走入法老的宮殿，就像駕着外形古怪的汽車進入高級的鄉村俱樂部，或者身穿運動服參加電影首映禮。杖是貧乏和羞辱的記號，當摩西走近那個暴君，情形就像少年人常做的惡夢——穿着內衣褲上學，為了上帝的大能得以彰顯，摩西彷彿變得赤身露體，木杖所代表的能力似乎離他很遠，又有粗壯的樹幹擋在路上。不過，摩西沒有其他選擇，因為沒有貧乏就沒有能力，沒有軟弱就不會勝利。上帝的權能在何處彰顯，摩西的軟弱也會在那裏表露無遺，神蹟奇事的出現提醒摩西他有多平庸。在軟弱中得見能力，這跟坊間對權力的理解截然不同。

> 追隨基督是一個朝聖之旅，當中需要學習為他人的緣故放下權力，締造出一種免於恐懼和焦慮的自由，如此，跟隨者就能擺脱事事操控的欲望。
>
> *邁克．里德爾（Mike Riddell）*

上帝的大能常會跟我們最軟弱的地方連繫起來，在我們徹底失敗時，就會看見上帝的能力。奇蹟是可能的，只是它被埋藏在生命的土壤中，經歷着最艱難、最嚴峻的時刻，靜待初春時分上帝的陽光普照大地，繼而能破土而出。既是如此，我們為何要費盡心力去否認錯誤，掩飾失敗，並遠離那些顯而易見的軟弱呢？為何我們出席信仰聚會時，總希望沒有人會提出棘手的問題，免得自己的軟弱被人看穿？我們築起高牆想要保護最脆弱的地方，但同時亦把上帝的大能隔絕，因為上帝行事一向如此——軟弱才是通往能力的路徑，除此以外，別無他法。

為抵抗納粹德國的民族社會主義興起，潘霍華不但放棄自由，最後還賠上生命。他無法相信上帝的權能會與種族優越這種教條結盟，更不能接受以暴力對付弱者的行為。當一個講求強權和鐵腕的制度，碰上一個關於愛和弱勢的福音，彼此只會壁壘分明，各不相讓。他在《沒被鏽蝕的劍》（*No Rusty Swords*）一書中提出，若果基督徒預備接受自己的軟弱，那他們就只能勇敢抵抗人類文化中對權力的濫用。屬神的羣體最明顯的記號不是權威，而是順服。「我們聚集在這裏，不是要成為一個無所不知的羣體，而是為尋找主的話；每當聽不到神的話語，他們便要到處尋覓。這羣體，不是要掌控一切，而是要成為那些尋覓、飢餓、等待、有所需要和滿懷希望的人。」[4]

能力測試

你最大的長處是什麼？當中有哪些仍未得到進一步發展的機會呢？你有什麼弱點？上帝的大能可以勝過這些軟弱嗎？如果有人向你討教如何選擇職業，而他跟你有相同的長處、弱點、夢想和信念，你會如何指引他？

信靠我

摩西從「神的杖」所學會的功課，正是整個出埃及經歷的關鍵——要真正經歷上帝的大能，必須完全倚靠祂；惟有當人走到絕路，才會觸到上帝能力的開端。這功課不但摩西個人畢生受用，其後更徹底改寫了以色列的歷史。

> 以色列人從埃及釋放出來，絕非靠人力成事，他們沒有軍隊，也沒有可供作戰的武器，對游擊戰術更是一竅不通。上帝，就是釋放行動背後的惟一力量。
>
> *基利．希倫*[5]（*Gailyn Van Rheenen*）

上帝的權能不但將摩西最好的一面呈現人前，就是那些連他也不自知的潛能，也一併引發出來。燃燒的荊棘不是極速激發動機的私人研習班，以喚醒沉睡在摩西心裏的巨人為目的；任何正向思想也無法將流亡異地的喪家犬，改變成枕戈待發的勇士。摩西的轉變需要借助外力——耶和華那無可比擬的能力。沒有上帝的介入，〈出埃及記〉就令人難以理解。當摩西勸勉絕望的奴隸要站穩在上帝的應許當中，並信任祂的大能（〈出埃及記〉14：13），他正是將從神的杖所學的功課應用出來——當他江郎才盡，上帝便施展大能。受限於一己之力，即或聯合整個羣體的潛能，摩西也無法成就上帝救贖的計劃，因為計劃實在龐大，而百姓的處境也太絕望，這是摩西不能承擔的；然而，他完完全全依靠上帝，要是上帝袖手旁觀，他們必死無疑。

阿納托尼·列維汀（Anatoly Emmanuilovich Levitin）是俄羅斯東正教的信徒，晚年被祕密警察多番滋擾，更因信仰兩度被關進監牢，但每一次他都發覺，在失敗的時候，總會見到上帝的大能。他在獄中所寫的書信提到：「奇蹟之中最厲害的，就是禱告，我只需將心思意念轉向上帝，頓時會感到有一股力量，從某處湧進我裏面，衝進我的靈魂，震撼我整個人。那是什麼呢？不，那不是心理作用。我，一個卑微、疲憊的老人家，從哪裏可以得到這更新我、拯救我、高舉我的力量呢？這力量是從我以外而來，是我不能理解的。」[6]

清除絆腳石

尋求跟上帝的旨意結連，會有三種經常出現的阻礙——無法戰勝的恐懼、不能化解的衝突、難以克服的習慣。找出使你最苦惱的弱點，並反思如何改掉這些缺點，最切實可行的時間表是怎樣？你知道有誰可以幫助你嗎？

〈出埃及記〉第 13、14 兩章有很重要的關連。第 13 章告訴我們：「以色列人出埃及地，都帶着兵器上去。」（18 節）但在 14 章，當法老的軍隊趕上他們，摩西告訴百姓：「耶和華必為你們爭戰；你們只管靜默，不要作聲。」（14 節）那時候，眾人必定蠢蠢欲動，即使要以簡陋的農具作為武器，去迎戰世上裝備最精良的軍隊，他們依然會急不及待想要下去，跟敵人背城一戰。人天生有很強的戰鬥機制，而在危急關頭，傾向自我保護的意識更會壓倒一切，可是上帝要的，不是只顧自我保護的百姓，而是懂得任何時刻都信靠祂的子民，因為祂曾拯救他們。以色列百姓面對的敵人，遠超他們所能應付，情況就好像要求一個未懂走路的孩童在屋頂上行走，但他們親眼看過上帝的作為。這個威脅全會眾性命安危的事件，成了以色列歷史的轉捩點，至此，經文告訴我們，以色列人「敬畏耶和華，又信服他和他的僕人摩西。」（〈出埃及記〉14：31）這段艱巨的路程，是以色列歷史中最富教育意義和最能建立民族的事件。信心的長成，就是當我們將賴以活命的能力留在岸上，然後往深海縱身一躍的那刻開始。

出自聖庫思伯特（St. Cuthbert）的古舊禱告，捕捉了依靠上帝的最深刻體會，和出埃及故事的重要性——既是人類學習依靠神的榜模，也是我們熱切期望的目標。「大地荒涼積滿雪，天空烏雲密布，狂風發出怒吼，海裏浪濤翻滾。我們快要餓死了，這時不可能有人出手相救，來，讓我們以禱告搖撼天堂，祈求分開紅海、在曠野餵養百姓的主，施憐憫拯救我們離開險境。」[7]

有時候，在上帝呼召我們出去征戰時，我們能做的就只有禱告——

用禱告搖撼天堂，而上帝每每就在這些時刻彰顯大能。當人說：「我走投無路，極其沮喪，但上帝聽到我的呼喊。」還有什麼描述比這更美妙呢？絕望教人不安，但在絕望的身後，正是上帝的大能。

試想像，在一條沒有其他車的路上，有一輛二十噸的重型貨櫃車正在高速飛馳，並向你所站之處衝過去，你轉過頭來，仍站在原地。接着，一把聲音傳來，那是你深愛和信任的人，他說：「站住，不要動。」你會怎樣做呢？

許多人對「安舒區」這個術語並不陌生，而出埃及的故事更提出了一個平衡的意念——能力範圍（Competence Zone）。在這個領域裏，我知道自己能做什麼，也深明這個領域以外的問題和挑戰，是我不能解決，或至少是不能以我可預計或控制的方式去解決。「能力範圍」在許多方面影響着我們，例如有些人害怕離開自己的國家，因為語言是重要的能力指標；有些人就要求家庭和工作都在自己掌控之下。有權勢的人通常會運用一己權力來自保，好能繼續留在自己的「能力範圍」。不過，要是摩西這樣做，百姓就永遠無法重獲自由，更可能被一舉殲滅。摩西全然信靠上帝，因為他自知力有不逮，摩西的一生教導我們，在那個「能力範圍」之外，我們才可以豐豐富富的經歷上帝的大能。若說太少人經歷過上帝的大能，那或許只因太多人不敢逾越自己的能力範圍。

約翰．派博指出：「上帝不是尋找為祂作工的人，乃是要尋找那些願意被祂改變的人。」上帝的能力不是為補充我的不足，使我的技能更見完備，也不是為人的成果錦上添花，而是當事情超出我的能力範圍，在徬徨不知所措時，祂的大能降在我身上，並成就大事。要是沒有其他途徑解釋我的存活和成功，我知道，那是上帝大能的彰顯，祂配得歌頌。可惜，當代人類有一個普遍的謬誤，那就是以為力量源於內在。

全然依靠

你曾否身陷「紅海」處境——前面是無際的大海，後有法老的軍兵，沒有上帝的幫助就無法走出困境？當時你有何感受？後來又如何？如果在你和上帝的旨意之間，有一道如紅海般的鴻溝，那鴻溝會是什麼呢？

服侍的力量

不過，當我們開始認定通往上帝的大能是在「能力範圍」以外，故事的發展好像走了回頭路。雖然摩西必須放下本身的能力，才得知上帝的大能，但這不代表他自身的能力並無用武之地。上帝當然勝過摩西的軟弱，但祂也會轉化和使用他的能力。摩西發現信靠最重要的一課——當他願意走出自己的「能力範圍」，他內在的力量就重新恢復過來。摩西的個性與為人、與生俱來的恩賜、獨特的人生經驗，令他成為神呼召去執行這個使命的不二人選。上帝膏抹摩西，不是始於呼召那一刻，乃是自他誕生之日；而依靠從神而來施行神蹟的恩賜，並無否定他本身的能力，上帝按自己的旨意來使用和塑造摩西的能力和軟弱。

> 好牧人的責任是替羊修剪毛髮，而不是把毛通通剃掉。
>
> *該撒·提庇留（Tiberius Caesar）*

上帝不是要矮化我們，奪走我們的一切，而是要轉化我們；呼召之前，祂必先建立我們。屬上帝的人常常有一個誤解，以為「我需要上帝」這個陳述總是與「上帝不需要我」這話連起來。我們確信上帝的大能和主權，以致無法說出「上帝需要我」這種話。可是，祂的確需要我們，這不是為勢所迫，而是一個定意的選擇；祂邀請我們進入夥伴關係，好使我們的力量可以與祂的大能同工。沒有祂，我們無法完成這個呼召，但同時，這呼召使我們的能力得到最好的發揮。上帝問：「你手裏是什麼？」是因為祂會使用我們所有的，去服侍祂。我在軟弱中來到祂面前，祂卻善用我的長處。如果我們相信，沒有神，我也可以得到一切所想的，這是極之愚蠢的想法；但若你認為自己一無是處，在與神同工的關係中沒什麼可以貢獻，那同樣是錯誤的想法。

> 解讀「權力恐懼症」(Manipuphobia)
>
> 害怕得到、行使和享受權力，因為這會導致濫權。這是X世代的人的共通點，結果造成他們不願作決定，也不願承擔責任。

葛尼斯寫道：「換言之，上帝的呼召不是單純地把我們差出去。我們經常以為呼召就是差遣。沒錯，上帝最終會差派我們出去，但在此之前，祂必先揀選我們；神題名呼喚我們，然後堅立我們。我們要起來回應造物主的呼召，成為合神心意的人。」[8]

> 我們任誰都得依靠上帝，不論你承認這個事實與否。多個世紀以來，無數的默禱為每一日揭開序幕：「感謝主今早喚醒我。雖然你不必這樣做。」
>
> *麥博恩（Bryant L. Myers）*

〈出埃及記〉第36至38章提到，比撒列和亞何利亞伯被召協助摩西興建和佈置會幕，這足以闡明上帝反對埋沒人的天賦才能。這兩個人是藝術家，也是工匠，他們經年累月地學習、發展和反復練習各種建造技能，同時，他們被形容為「被神的靈充滿」。上帝要（亦是「需要」）他們運用各樣才幹，好使以色列人的敬拜更深刻、更真實。如比撒列，經文這樣記載：「又以神的靈充滿了他，使他有智慧、聰明、知識，能作各樣的工。」（〈出埃及記〉35：31）

特倫斯・弗雷特（Terence Fretheim）如此說：

> 在興建會幕的工作中，比撒列的角色正是〈創世記〉第 1 章那個神聖創造者的縮影。神的靈充滿這位工匠，代表着生氣勃勃的力量，驅使會幕能如期建成，這猶如創世奇工背後那股驅動力。他們巧奪天工的手藝與上帝的創造互相輝映，他們使用的珍貴金屬，是上帝創造場景中的精美產物，並將這些美物加以重塑……重點都放在外型、排列設計、手藝等，如刺繡（〈出埃及記〉36：37，38：18），還有視覺方面，包括顏色（〈出埃及記〉36：8，36：35，38：18-23）、結構、陳設，跟〈創世記〉第 1 章的井然有序，色彩繽紛，超凡和精密的手藝，可謂互相呼應。[9]

如果軟弱是我們經驗上帝大能的鑰匙，那麼打開門之後，我們就得到力量。上帝完全接納我們，又邀請我們結伴參與在敬拜和救贖之中，我們可不是疲憊打盹的夥伴，被動地接收上帝的能力，像電腦等待程式員的指令一樣；我們是生氣勃勃又充滿智慧的人類，被召帶着我們的本相進入那合作關係中，神揀選並使用我們，我們的軟弱和能力都被帶進祂的大能和愛眷之中，而當我們懷抱祂的旨意時，這些都得到轉化。

為目標而活

最後，摩西明白到上帝會成就祂自己的計劃。摩西要走出他的「能力範圍」去發現神的大能，而他要踏進的地帶，就是順服。由此可見，這不是叫我們為權力而謀權，亦不是為一嚐權力的滋味；摩西被建立，也非為了讓他可以對着權力與驕傲的鏡子，顧盼自豪。神使他高升，有其旨意，他一旦踏進這個旨意，上帝的大能便會湧流到他身上。

你希望進一步認識上帝的大能嗎？全情投入上帝的旨意吧！你渴求生命因充滿力量而帶來迴響嗎？過一種讓愛傾流人間的生活。你在尋找一個讓生命彰顯上帝大能的竅門嗎？去，尋找與上帝旨意結連的機會。

燃燒荊棘中的上帝，跟玷污和扭曲創造的死亡和黑暗力量正面交鋒，祂對抗不公義、欺壓、剝削、貪婪，以及一切跟祂的平安相違背的；當摩西加入這場戰役，他就更了解上帝的大能，就像新入伍的軍人那樣，一旦自發參與執行任務，他便會獲發所需的工具和武器。不要等獲得上帝的能力，才去尋求祂的旨意；相反，尋求祂的旨意，踏出第一步，上帝的大能便會臨到你身上。

你是否已經厭倦走在信仰聚會的大前方，去尋覓神的大能？試試到後街尋找祂的使命吧。

> 我告訴我的同工，牧師是從上帝得着能力，然後走進世界，再狠狠碰壁的人。之後，我們回到神那裏，從神得力，再次走進世界，然後又碰壁。這就是我們的生命 —— 出去，碰壁，得力；去，碰壁，再重新得力。這便是我們得着能力的方法。
>
> *費蘭度*[10]（*Ajith Fernando*）

〈請來〉[11]

來！口渴的人，請來，
渴求生命之糧的，
靈魂呼求醫治的，
來！來赴生命的筵席。

來！疲乏的人，請來，
卑躬屈膝又滿心憂慮的，
營營役役且疲憊不堪的，
來！來赴生命的筵席。

來！貧困的人，請來，
三餐不繼並居無定所的，
生於福地卻不得飽足的，
來！來赴生命的筵席。

來！受苦的人，請來，
希望落空遭命運嘲弄的，
感被背叛而不能寬恕的，
來！來赴生命的筵席。

來！哀傷的人，請來，

經歷失去心如刀割的，

詛咒所愛的神的，

來！來赴生命的筵席。

來！所有罪人，請來，

出賣恩賜的人，

夜不安寢的人，

來！來赴生命的筵席。

來！受壓迫的人，請來，

忘記自由滋味的，

渴求上帝施憐憫的，

來！來赴生命的筵席。

來！叛逆的人，請來，

以財勢釘死上帝的，

迷惑而不能自拔的，

來！來赴生命的筵席。

來！生病的人，請來，

身心受創的，

渴求康復的，

來！來赴生命的筵席。

來！迷失的人，請來，

尋求意義卻不得而知的，

流離失所且無所歸屬的，

來！來赴生命的筵席。

耶穌的筵席，讓人聚首一堂！

在這裏，你受到歡迎，你被需要，也被愛，

你的容身之所，就在此處！

來！來赴生命的筵席。

邁克．里德爾

重擔與枷鎖

想像你背上頂着重重的背包，正要走進一個房間，可是背包沉重得令你舉步為艱。於是你放下背包，發現裏面竟然滿載磚頭，當你將磚頭拿出來，每一塊上面都有一個標籤。你認為磚頭上的標籤寫着什麼呢？

1 Gary Haugen, *Good News about Injustice* (Downers Grove, IL: InterVasity, 1999), 72.

2 John H. Sailhanmer, Walter C. Kaiser Jr. and Richard S. Hess, *The Expositor's Bible Commentary: Genesis-Leviticus* (Grand Rapids: Zondervan, 1989-1999), CD Rom Version.

3 John Main, 引自 Richard J. Foster and Emilie Griffin, *Spiritual Classics: Reading with the Heart*, 179.

4 Dietrich Bonhoeffer, *No Rusty Swords* (Great Britain: Fontana Books, 1970).

5 Gailyn Van Rheenen, *Missions: Biblical Foundations and Contemporary Strategies* (Grand Rapids: Zondervan, 1996), 17.

6 Jenny Robertson, *Windows to Eternity* (Oxford: Bible Reading Fellowship, 1999), 28.

7 Bede, 引自 Michael Mitton, *Restoring the Woven Cord* (London: Darton Longman & Tod, 1995), 129.

8 Os Guinness, *The Call*, 84.

9 Terence Fretheim, *Exodus: Interpretation, A Bible Commentary for Teaching and Preachiing* (Louisville: John Knox Press, 1991), 269-270.

10 Ajith Fernando, Missionaries for the Right Reasons, Conference presentation, 2000.

11 Mike Riddell, 引自 Pete Ward, Ed., *Mass Culture: Eucharist and Mission in a Post Modern World* (Oxford: Bible Reading Fellowship, 1999), 103.

實踐：將自身的能力和軟弱連結於上帝的大能，並祈求祂的轉化。

- 你認為權力是吸引還是可怕？回顧基督教歷史，你會視權力為腐敗的勢力，抑或有益的力量？還是兩者皆是？

- 你手裏是什麼？如果上帝要為平凡的你尋找一個象徵，或許會包括你的軟弱和失敗，祂會選什麼？如果這個象徵會成為彰顯大能的記號，這對你有何意義？

- 你曾否全然信靠上帝——除非禱告蒙應允，否則一無所有，甚至走投無路？你當時有何感受？事情的結果如何影響你的信仰？要是你從未有類似經歷，你預計自己會如何面對？

- 你認為哪一項對貧窮人更有幫助：因沒有權利而拒絕掌權，還是爭取並善用權力，使他們受惠？你如何處理權力？

- 就現時的處境，你可知道自己要如何踏進神的使命，以支取祂的力量？

- 軟弱是否令你感到灰心？你能想像帶着軟弱，仍能在神的旨意中佔一席位嗎？這有何含意？

5 Process

將行事步伐連於上帝的時間

如果你正經歷痛苦，就繼續經歷吧。

邱吉爾（Winston Churchill）

又說：「我是你父親的神，是亞伯拉罕的神，以撒的神，雅各的神。」摩西蒙上臉，因為怕看神。……摩西對神說：「我是什麼人，竟能去見法老，將以色列人從埃及領出來呢？」神說：「我必與你同在。你將百姓從埃及領出來之後，你們必在這山上事奉我；這就是我打發你去的證據。」

〈出埃及記〉3：6, 11-12

最近，我對自己有一些新發現，或至少是從一個新角度來了解自己，這發現非同小可。事情始於一次跟美國的使命專家大衛．波洛克（David Pollock）的午膳，席間，大衛幾乎準確無誤地點出我生命中一些狀況，當我對大衛的洞察力表示驚為天人時，他毫不意外地說：「那當然，你是典型的第三文化孩子。」

我從未使用這詞彙來形容自己，可是當我咀嚼箇中意義，就愈覺貼切。「第三文化孩子」的成長期，即由出生至十八歲期間，大部分是生活在異於父母本身文化的環境裏。我聽過別人以此形容宣教士的子女，也曾跟這些人共事，卻從未將對他們的分析套到自己身上；但拜讀過大衛的作品《第三文化孩子 —— 跨文化成長的經驗》（*Third Culture Kids: The Experience of Growing up among Worlds*），我才驚覺，活了這麼久，我竟連自己是誰也不清楚。[1]

我一邊閱讀，一邊重新檢視自己的過去。的而且確，在十一歲以前，我曾九次搬家，當中橫跨四個國家、兩大洲；我讀過八間學校，分別要從愛爾蘭人、加拿大人、法國人和英國人的觀點，學習文法、歷史和地理；我有機會學習多種團隊運動，但最終放棄再嘗試。跟許多第三文化孩子一樣，我傾向把種種回憶和經驗埋葬，因為那對我祖國的文化毫無價值可言，也不值得流傳下去。成年後的第三文化孩子，性格有正負兩面，但最常見的特徵包括焦躁不安、經常轉工或不願長期留在同一個地方，以及生活中常滲透着「沒有一個地方是家」的感覺；他們會是出色的領袖，但情緒不大穩定，即或其後在一個文化中「安頓」數十年，也是如此。

探討第三文化孩子的特徵，讓我了解到自成年以來一直未曾察覺的一面，即使腦海中留有模糊印象，卻從不是清晰而聚焦的。這類孩子或有不同的成長經驗，但對我而言，其本源大抵一致。我們都忙於成長，忙於應付生活，以致甚少花時間去思想自己是誰和要成為怎樣的人。摩西蒙上帝呼召，由寂寂無聞的小角色，站到耀眼的聚光燈下，敵擋法老，當時他已經八十多歲，但在上帝計劃的光照下，他能夠明白自己的過去、現在和未來。從故事的發展，我們看到這個男人最終克服了恐懼、不安和焦慮，因他清楚知道，無論何時，神一直在他生命中作工。摩西經歷到神的熱情、大能和旨意，同時亦更深切明白神作工的過程。

> 解讀「過去恐懼症」(Echophobia)
>
> 害怕向未來進發，因為過去的陰影總是縈繞心頭，揮之不去。治療方法是面對陰影所在，求上帝以恩光照亮，驅散陰影。

甚少人能奢侈地放下一切去「尋找自己」，又或是「夠了，我要遠走高飛！」這樣的呼聲，也難找到知音。但是，我們能騰出一點時間，反省或檢視自己的過去，或向認識自己過去的人尋求幫助，好讓我們對「我是誰」有更清晰、更牢固的概念。如此，我們就能活得更好，也更容易回應上帝的呼召，而呼召本身有一個特徵，就是能讓我們看見：

- **神從前在我們生命中所作的事**，使我們更深切明白神以極大的耐心在我們身上作工。
- **神今天在我們生活中的節奏**，讓我們學懂欣賞祂行事的步伐。
- **神為我們未來所定的計劃**，令我們更加確信神的應許。

以上每一項都能帶來解放，使我們從昨天的枷鎖、今天的束縛和明天的恐懼中釋放出來，因着這份自由，我們才能邁步走在上帝預備的道路上。認識今天呼召我們的上帝，也就是昨日一直看顧、明日也必與我們同在的主，如此，便生出了信心，仿如一個錨，使這場冒險成為可能，亦正是這份篤定，加添我們的勇氣。

如果我們只着眼於即時回報，便無法領受上帝的臨在和祂信實的應許所帶來的益處。就如汽油發動的內燃機，全球都在研究它的代替品，但成效各異。許多時候，衝擊着這些研究的觀點，都是過分地強調「立即」、「當前」、「直接」。無可否認，汽油作為燃料相當有用，使用汽油或柴油的汽車，速度更快，馬力更大，而且效能更高，彈性較大，都是其他替代品不能媲美。以電動車為例，它速度較慢，若不再次儲電，便無法繼續開動。至於其他燃料則較昂貴，且難以使用，甚至影響性能。因此，駕車到另一個地方，最省時又便宜的，汽油必是首選。然而，科學家並非單單着眼於燃燒的一刻，他們還會考量過去（燃料的來源、運送的過程）及將來（燃燒之後有何後果）。所以，這是一個關乎供應（汽油何時被耗盡）和污染（汽車排放的氣體會否污染地球）的問題，都是研究人員所關注的。分析若單單建基於現在一刻，只會帶來被歪曲的結果；惟有同時兼顧過去與未來，才會取得平衡觀點。

摩西發現，在何烈山呼召他的上帝，就是那位認識他過去與未來的神；惟有認清和接受這點，他才能夠踏進上帝的使命。上帝渴望與我們結連，不單透過今天在我們生命中的作為，更藉着祂昔日和將來的工作。

重新上路

回想過去十二至二十四個月的狀況，包括你的靈性、生活方式，你與上帝使命的結連等，有哪方面是不復當年？你是否已認定這種轉變，並讓從前悄悄溜走？上帝在你生命中的工作是否停住了？若是，你會做些什麼來重新開始？

上帝與過去的我同在：隱藏的恩典

1995 年，上帝用出人意表的方式告訴我，祂過去一直在我生命中作工。那年，我結束了在法國差會的工作，舉家回國。就在短短兩年之前，我們深信上帝的確呼召我們到法國，且會讓我們一直留在那裏。但事實是，兩年後我們在迫不得已的情況下，回到英國老家，我感到困惑、不安，甚至無地自容。那時，我們沒有工作，也沒有住處，因為一切都押到往法國這個長期召命上。有一段日子，我深深陷在自我檢視和重新評估當中。可是，當我仍然處於混亂狀態，媽媽突然離世，她的離開全在意料之外，這個打擊實在太大，我不禁問：在這一切中，上帝在哪裏？我為媽媽感到哀傷不已，她在 1970 年與家父分開，結束了十九年的婚姻，此後，她再沒跟父親說過一句話。我想起童年時一切艱難的事，心裏納悶，想要知道究竟上帝在哪；我又想到這個家留給我混亂的價值和矛盾的情感，即使長大之後，我依然要極力克服那些傷害和疑幻似真的道理。還有，那些押上生命的計劃使我更加無望，對未來的盼望不復存在。

現在回想這一切，當然可以輕鬆地視之為茶杯裏的風波，但當你身處杯中，周遭有茶葉盤旋，風暴是如此真實，令人膽戰心驚；眼前的世界都在杯裏，杯的邊緣就成了世界的盡頭，風雲之間，我看不見上帝。後來，我在一家書店裏再次遇見祂。

那次，我們一家到朋友位於英格蘭東部諾福克（Norfolk）的別墅度假，我們都十分雀躍。我在一間莊嚴古宅的紀念品店閑逛時，看到一張明信片，上面印有凱利家族的傳統徽號。小時候我已見過這個徽號，那時爸爸跟我講述家族的故事——我的祖先是十三世紀愛爾蘭的國王，即使到了現在，我仍難以置信。這時，我才知道，原來我的家族祖訓是「上帝是我的堅固臺。」這個發現令我有如被雷擊中，不但提醒我力量源自上帝，還使我在頃刻之間深深明白到，早在我出生之前的數個世紀，我的祖先已經委身於那個我不顧一切想要尋見的上帝。

在凱爾特人的歷史中，這個賦予我名字和傳統的家族，選擇了信靠上帝，並以此分別出來。我因短短幾個星期感覺不到神的同在而困惑不已，但原來上帝早在幾個世紀以前，已經確認祂會臨到我的生命中。

這個發現對我極為重要，非筆墨所能形容。基於種種原因，我看不見自己的家族能對我的信仰有何意義和幫助；像摩西一樣，我無法從發生在自己身上的事、甚至是出生和成長的環境中，看見上帝的手在作工，然而，上帝向我保證：「我是你祖先的神。」幾百年前，祂已經在凱利家族中作工了。剎那間，我感到自己是何等渺小，上帝又是何等偉大，而祂的愛眷又是何等無邊無際。

人生的風浪把摩西連根拔起，被帶到一個全新的地方，立足於上帝的面前，使他認識到這位上帝就是他先祖的神，祂的愛顧從沒間斷；早在摩西出生以前，神已命定他成為歷史中重要的一環，這促使他停下來，回首從前——

這裏，是上帝的神蹟，一羣收生婆冒着生命危險，救回本要被殺的男嬰；是摩西母親的靈機一動，把他藏在蒲草箱，使他安然無恙；是法老的女兒發現了小摩西；是她的父親，即法老本人，竟容許摩西待在皇宮，並安排他接受教育和訓練，為自己的帝國種下禍根。這些事件讓我們知道，神在摩西早年的人生中，已經留下恩典的痕迹，那雙看不見的手已在默默工作。其後，當他跟其他人分享自己的故事，也重述了這些出生與成長的事件。

我們無從知道被召之前，摩西是否醒察到這些事件的重要性，不過，從最初的反應看來，他大概沒有這份覺醒，但當上帝顯露自己的本質和大能時，摩西開始看到神的愛一直伴隨，從起初到如今。

除非能認識上帝過去的作為，否則我們無法完全了解祂的呼召，上帝恩典一直伴隨，只待我們去尋找、去發現；也是在這個背景之下，今天的呼召才有意義。

在電視廣告的世界，情況大同小異。觀看一個三十秒的廣告，我們只能趕上片刻的精彩橋段和眼前接收的信息，但這只是整個過程中露出水面的冰山一角。即使最簡單的廣告，由最初的意念到最後的成品，過程同樣繁複。首先，要構思、發展和探討一個意念，然後再三琢磨、改進；劇本寫成後，要經過審訂；接着是搜集資料，要確保傳遞的信息準確無誤。對白、演員和攝影機等要進行排練，燈光亦經過連日調校，以營造最合適的氣氛。這時「專家」也會加入，為故事的細節提供意見。拍攝當天，由化妝到攝影，會有三十多人在場鑽來鑽去，確保一切順利。最後，要是導演不滿意，便會大喊一聲：「停！」一切便得推倒重來。完成拍攝，從來不易；努力的成果，就是完美無瑕的技術和視覺效果，至於過程，涉及最少四星期的資料搜集、寫作、故事分場、排練和拍攝。一個三十秒廣告的準備和播放比例是 80,640 比 1。

因此，上帝花上四個世紀去預備釋放希伯來人的大計，又或是用八十年去預備摩西的被召，實在沒什麼希奇。史提芬・敍爾（Stephen Dray）在《出埃及記：自由的服侍》（*Discovering Exodus: Free to Serve*）寫道：「這裏我們看見上帝的工作，先是寂靜無聲，默默地裝備摩西，讓他學會日後所需的一切技術和能力，好使他最後成為解放上帝子民的偉大使者。儘管如此，八十多年之後，上帝才有所舉動，祂的時間表有別於我們；我們常以為祂沒有行動，甚至漠不關心，其實，上帝無時無刻也在作工，只是我們不曾察覺而已。」[2]

荊棘中的呼召，不是上帝在摩西身上工作的序曲，而是樂章的高潮。如葛尼斯所言，上帝的工作「就像教練要將每個球員最強一面發揮出來，又或像指揮家要把管弦樂團最深厚的潛能表現出來。祂的呼召在我們深心處引起迴響，沒有任何呼喚來得如此刻骨銘心；祂的呼召把我們牽引到高峰，這是其他聲音不能媲美的。」[3]

也許你的經歷跟摩西截然不同，但看見上帝連綿不絕的看顧，對你有何意義呢？明白到祂在你出生以前已為你訂立計劃，並自你第一口呼吸開始，祂已經看顧你，又甚願引領你到祂的愛裏，這一切如何改變你對呼召的看法？上帝的自我宣告：「我是自有永有的」，或許可以簡單解作「我不是昨天才生出，我早就在這裏！」這宣告又如何影響你去認識這位一直臨在的上帝？

我在 1988 年寫下這首詩，那時候上帝正大大醫治我的傷痛，後來取名〈世界的王〉。

主啊！我心如冰山，
不冷，也不硬，
深陷萬丈，只有一角露出。
我愛祢，
若只如冰山露出的一角，
我的愛會轉眼即逝；
我愛祢，
若是傾心盡意，
我得面對痛苦，
使隱藏的，
露出水面。

來吧！主啊，

讓祢的大愛，

衝向我的心；

在巨大的碰撞中，

讓我的猶豫，

永遠沉到海底。

隱藏的恩典

利用河流或道路的形象畫出你的生命故事，然後借助文字或圖象標示生命中的重要時刻或里程碑。當你重溫自己的故事，你有否發現上帝隱藏的恩典？

上帝與今天的我同行：每小時三英里的愛

小山晃佑是一位在泰國宣教的日本神學家。跟普通的農民一道工作和生活，他得出兩個結論，在在改變了他的信仰和寫作。第一是泰國農民的生活模式，跟住在城市裏建構當代神學理論的歐洲人截然不同。歐洲文化講求高效率和目標導向，總是尋求以科技和權力去支配和改變世界。相反，泰國文化是緩慢的，着重反思和包容，這些特質是由土地、季節和氣候的節奏塑造而成，可以說，這裏是一個完全不同的文化和處境。第二，在兩種文化當中，泰國的生活經驗比較接近《聖經》所描述的世界觀和精神特質。翻過一頁又一頁的經文，小山發現當中許多人物、家族、社羣的經歷，跟他所牧養和一起生活的農民十分相似。

這驅使小山開始鑽研《聖經》如何敍述故事的緩慢節奏，特別是出埃及的記載。他發現，這位在曠野上與以色列民同行的上帝，祂的速度永遠不會超過步行速度，亦即不大可能超過每小時三英里，要是遇上麻煩，便會更慢。這令小山得出一個獨特的觀察：上帝的愛，有如步速，每小時三英里。1979 年他寫道：「神走得『慢』，因為祂是愛……愛有自己的節奏，是一種內在的節奏，也是一種靈性的節奏，那跟科技講求的速度相距甚遠……這種節奏在我們生命深處運作，無論我們察覺與否，無論我們是否正被風暴擊中，仍是每小時三英里的步伐。這是我們行走的速度，也是上帝愛的步伐。」[4]

小山所作的，正是要糾正今天大行其道的「即食文化」，這文化支配了西方基督教信仰的思考和實踐，因此，他的研究對神學有十分重要和適切的貢獻。

現代人所面對的，是一個根深柢固的致命誘惑——必須找到快速的解決方案，結果他們不願追隨上帝那種慢慢騰騰的步伐來行事。摩西接受呼召的一刻，旋即投入任務，轉眼間他已動身返回埃及，並捲入一場迅速升溫的衝突之中；但同時他要學習忍耐。數星期鬧哄哄的災劫，雖是風起雲湧，但其後取而代之，是四十年的緩步曠野旅程，多變和挫敗的情況十年如一日，摩西卻要在這個處境中建立羣體，並開始敬拜生活。透過跟埃及術士進行超自然神蹟比拚，或在寸草不生的土地上開展漫長的建國旅程，摩西學曉順服的功課，可見，密集行動有時，靜候上帝也有時。當摩西與上帝同行，他的心思必須被更新和重塑；以色列百姓也是如此，在緩步前行當中，有新的學習，在危機背後，有默默前進的成果。

完全接受上帝的節奏並不容易，拒絕放緩步伐的吩咐更令我們迷失。作家約翰·諾伯（John Noble）經常說，他遇過很多人，都是上帝呼召去執行某個使命的最合適人選，但他們往往在最不適當的時機行動。事實上，我們常能辨別出上帝呼召中的「何事」，卻聽不到祂的「何時」。上帝的工作有一個「當下但未完成」(now-but-not-yet）的向度，而從「當下」走向「完成」，是要以步行的速度前進。商業管理的圈子流傳着一個「懷孕原則」，意思是一位女士需要懷孕九個月才生產一個嬰孩，但你絕不能請九位懷孕的女士在一個月內完成相同的事。拿一張便條紙，寫上兩個「寺」字，並貼在當眼處，每次你看到這便條，記着：等待。任何事情都需要時間。

你是否老想將一蹴而就的期望放到上帝的計劃中，以致你不能肯定或無法察覺上帝的作為？你經常要在上帝溫柔和持久的作風中，尋求權力和速度，以致你錯過了祂？上帝改變人，不會在剎那間把你全然拆毀，相反，祂會與你同行，逐步改變你。要是你能配合這種步伐，你猜會看見上帝在你生命中有什麼作為？當你只懂引頸等待上帝如雷的呼喊，祂低聲說了什麼？卡羅·加勒度（Carlo Carretto）離開了梵蒂岡那個忙碌而尊貴的崗位，跑到北非，住在貧苦大眾中間，過着退隱默觀的生活。他這樣說：「上帝做事從不趕急，時間屬祂，不屬我。我 —— 卑微的受造物，領受呼召，透過分享神的生命，被祂改造。而轉化我的，乃是從上帝而來、澆灌我心的慈惠。愛慢慢地將我轉化為屬上帝的人。」

摩西帶領上帝的子民穿越曠野期間，有四個原則。這羣重獲自由的奴隸奉召：

- 在曠野中敬拜事奉
- 在試煉中信靠上帝
- 在羣體中尋找力量
- 在委身中進入應許

這四個原則也適用於今天。在上帝的啟示和膏抹中，我們會經歷高峰的時刻，或感到諸事順利，上帝的大能看來依然源源不絕。但同時，每個人總有漂流曠野的日子，無一例外；對許多人而言，待在曠野的時日比留在上帝啟示的高峰多上百倍，但正是這樣的日子，我們才發現信仰的真實和可靠。

- 如果我們極目所望盡是曠野無水之地，我們還會敬拜上帝嗎？就是在流徙荒漠期間，以色列民建成了至善至美的會幕。
- 在飢餓、貧困、疾病、逆境、誤解，甚或計劃被擱置一旁時，我們仍會堅信上帝嗎？就是在最嚴峻的時刻，上帝至深的愛和關顧能豐豐富富地顯明出來。
- 當夢想看來比信仰更吸引時，我們能從同路人身上支取力量，並互相扶持嗎？在分嚐彼此的困苦所磨煉出來的關係，是最美滿的。
- 即使過程緩慢，推進亦甚費勁，我們仍會緊守上帝在我們身上的計劃和應許嗎？在上帝看似消失而我們依然相信，這就是信仰最深妙的領域。

我們如何回答以上問題，大概就反映了我們能否走出曠野，進入其他可能當中。

你身邊有因為與上帝的旨意結連而滿足喜樂的人嗎？若你向他們討教，他們必定會跟你分享那些充滿確據和力量的高峰時刻，而幾乎可以肯定的是，他們也會告訴你，這些高峰經歷猶如分散在廣闊無邊的平原上的指示牌，在指示牌之間，是多少歲月的陰沉天氣。在上帝的旨意中，曠野時刻是必然的，那是世界改變的前夕。所以，不要懼怕，以每小時三英里的步速，與神一起穿過曠野，祂就在你身旁。

調節步伐

細想上帝在你生命中的步伐。對你來說，祂走得太快，還是太慢？上帝是否正慢慢改變你，而你卻在有意無意之間忽略了？如果你一生都在奔跑，而現在要開始慢步向前，那你的生命將有何改變？

上帝與將來的我同在：一諾千金

摩西被召之時，〈出埃及記〉3：12記載了一個有趣的片段。當時上帝向摩西啟示那個偉大而顯赫的計劃，但摩西疑惑不已，他甚懼怕法老，也害怕希伯來同胞，更恐怕自己無能為力，每一個疑慮都絕對合理。然而，是什麼能說服老牧人接受這個挑戰？上帝的回應將不確定的陳述化為必然的聲明，祂給摩西的憑據是：「你將百姓從埃及領出來之後，你們必在這山上事奉我。」這裏沒有「假如」，而是明確表示「之後」將要發生的事。

上帝看穿摩西的疑慮，並邀請他全然依靠祂的信實，祂說：「或許你會懷疑這是否可行，但我認為成事乃理所當然。我知道你必能完成任務，就如我知道每早晨太陽會照常升起一樣。」這就像父母向緊張不安的孩子作出保證，或教練安撫他的星級運動員，上帝搭建穩如泰山的台階，讓摩西屹立其上，不致跌倒。這段對話十分重要，原因有二——

第一，上帝容許摩西心存疑惑。除非摩西完全相信那是可能的事，否則他根本無法完成任務；他感到迷失，信心不足，有太多的狀況足以教他懷疑和恐懼。於是，上帝吩咐他將一切帶到祂面前，並藉着要發生的事釋除他的疑慮。即使我不相信上帝在我身上的計劃，祂依然充滿信心，這已經足夠。最終摩西克服了各樣疑慮，上帝對他說：「你的信心不足，不可成為你的倚靠，來，信靠我。」當你軟弱得連自己也不能相信時，請記住：上帝相信你。

> 你知道《聖經》最常出現的誡命是什麼？又有什麼指示和命令是上帝、神的使者、耶穌、先知和門徒一次又一次提出的？做一個好人？要聖潔，因為上帝是聖潔的？還是消極地不要犯罪？不做傷風敗俗的事？都不是！《聖經》中出現最頻密的誡命是：不要懼怕。
>
> *湯姆．賴特*[5]（*N.T. Wright*）

第二，這段對話意味着上帝的應許成了摩西繼續堅持的動力。這應許不單指向自由的可能性，更包含了自由的真正意思。不能自由敬拜是奴隸生活的印記，他們被禁止慶祝上帝的作為，更要為建立埃及假神的聲威而當上廉價勞工。上帝的子民被迫參與龐大的建設，在偶像的神殿中作工，好讓埃及能向天下昭告法老和他們的神祇是何等偉大。不過，上帝賜給摩西一個令人着迷的遠象 —— 自由，百姓能自由地敬拜上帝。希伯來人脱離枷鎖、聚集敬拜耶和華的願景，燃起摩西的想像：「在自由裏，你會得着力量去敬拜，而藉着敬拜，你就知道自己是何等自由。」

擺在摩西面前的願景，是何等吸引，又何等適切，令這位老牧人決心加入其中，不再疑惑。上帝的計劃常是指向他的應許，這種模式貫穿了整部《聖經》，無怪乎當中一個又一個的故事經常以將來式寫成。將來就好像一個書立，書架上沒有書立，書便會倒下，同樣，若沒有將來的向度，上帝今天的作為便會崩潰。我們若想在今天連結於上帝的旨意，便需要對明天有更深刻的認識與共鳴。《聖經》從來不是為預知未來而説預言，上帝的工具箱也不會有水晶球。預言，是思想並述説上帝所應許的將來，是將力量和靈感匯聚到上帝命定的計劃中，好讓未來扎根於今天。就如莫特曼所言：「教會是一支箭，被射進世界，且要指向未來。」

也許我們看不清前面的路，又或者對委身於呼召所帶來的後果知道得很少，但我們要相信，未來的界限已經為我們預備好，上帝早已安排了終局要如何，祂的應許定必成就。因此，即或在迷失之中，我們確知上帝正領我們走向祂所應許的未來。

> 我的主上帝，我不知道正往何處走，也看不見前面的路，我無法知道終點在哪裏，更不清楚自己到底是誰，我一直認為，自己正跟從祢的旨意，但這不代表我真的如此。但是，我確信討祢喜悅的渴求是祢所喜歡的，我盼望無論作何事，都保持着這個渴求，永不與此相違背。我相信只要這樣，祢便會引領我走正確的路，縱然現在我仍一無所知。因此，也許我感到迷惘，或走在死蔭幽谷，我要永遠堅信祢。我一無所懼，因為祢與我同在，祢不會撇下我獨自面對險境。
>
> *多瑪斯・牟敦*[6]（*Thomas Merton*）

1 David Pollock and Ruth E. Van Reken, *Third Culture Kids: The Experience of Growing up among Worlds*（London: Intercultural Press, 2001）.

2 Stephen Dray, *Discovering Exodus: Free to Serve*（Downers Grove, IL: InterVarsity, 1993）, 23.

3 Os Guinness, *The Call*, 84.

4 Kosuke Koyama, *Three Mile an Hour God: Biblical Reflections*（London: SCM Press, 1979）.

5 N.T. Wright, *Following Jesus: Biblical Reflections on Discipleship*（London: SPCK, 1994）, 56.

6 Thomas Merton, 引自 John Moses, *The Desert*（Norwich: Canterbury Press, 1997）, 69.

實踐：與上帝作工的進程和節奏——不論過去、現在或未來——連結起來。

- 過去哪些經歷至今仍然影響你的人生？在上帝的使命裏，這些經歷又如何能去蕪存菁？
- 你認為上帝在你生命中的步伐如何？你會否常常苦於等候，並感到沮喪，還是不斷追趕上帝，以致疲於奔命？對你來説，緊隨上帝的步伐是什麼意思？
- 當你檢視過去的人生，你看見哪些隱藏的恩典？你有為此感恩嗎？
- 你是否常常緊靠上帝，即使你正在穿越沙漠？你如何令自己保持剛強？你得到什麼幫助？又你學習到什麼功課？
- 上帝有否讓你看見自己的未來？這是你看為寶貴，還是可有可無？
- 你敬畏上帝嗎？

6 Perspective

將受限目光連於上帝的視野

為何上帝在西乃山的啟示能超越一切，並擊潰所有偶像？到底是什麼衝擊着我們的思想和良知？是那火燄、煙和雷聲？但相比起上帝的真理所展露的光芒——我是自有永有的，這些不過是餘興節目中的煙火，微不足道。

葛尼斯[1]（Os Guinness）

摩西對神說：「我到以色列人那裏，對他們說：『你們祖宗的神打發我到你們這裏來。』他們若問我說：『他叫什麼名字？』我要對他們說什麼呢？」神對摩西說：「我是自有永有的」；又說：「你要對以色列人這樣說：『那自有的打發我到你們這裏來。』」神又對摩西說：「你要對以色列人這樣說：『耶和華——你們祖宗的神，就是亞伯拉罕的神，以撒的神，雅各的神，打發我到你們這裏來。』耶和華是我的名，直到永遠；這也是我的紀念，直到萬代。你去招聚以色列的長老，對他們說：『耶和華——你們祖宗的神，就是亞伯拉罕的神，以撒的神，雅各的神，向我顯現，說：我實在眷顧了你們，我也看見埃及人怎樣待你們。我也說：要將你們從埃及的困苦中領出來，往迦南人、赫人、亞摩利人、比利洗人、希未人、耶布斯人的地去，就是到流奶與蜜之地。』」

〈出埃及記〉3：13-17

上個世紀六十年代，人類學家靠着全新的遠遊和溝通能力，在田野考察的領域取得一連串的突破。他們發現仍有多個原始部落居住在茂密的森林和遼遠的沙漠中，他們從未接觸過先進的現代世界。電視機前的觀眾引頸期待，等着要觀看這些石器時代的部族成員首次接觸收音機、電視機、電鬚刨的情景。另一邊廂，人類學家要與時間競賽，趕在深入接觸這些部族之先，儘量學習一切與人類文化有關的知識，彷彿要將另一個古代世界完全吞掉。

人類學家要對其中一個部落進行研究，那裏滿布大樹和草叢。他們安裝了投影機和手提式的螢幕，並將一些在非洲平原拍攝所得的片段播放給部落成員觀看。螢幕上是一片又大又平的土地，一羣大象正朝攝影機的方向跑過來。部落的人十分震驚，那不單因為科技，更是因為眼前的影像，他們深信自己正看着一羣正在長大的象，牠們由一羣小東西，轉瞬變成了龐然巨物。最初人類學家感到大惑不解，後來才明白這些觀眾並不能分辨影像上的距離，因為一直以來，他們所見之物都不會超出幾米以外的範圍，也從未發展出一種理解大規模影像資訊的能力。簡單來說，他們沒有視野的觀念。

視野是一種能力——從更廣闊的處境去明白自身所在的位置，也就是要理解遼闊的距離，好能明白自己站在哪兒。沒有視野，我們只能看到平面，並錯誤理解眼前的資訊。具備視野，眼前朦朧雜亂的線條和形狀會變得有意義，因為我們能分辨不同距離的事物。視野令出色的藝術家在平面的媒介上重現立體的事物，也為魔術師和幻覺派藝術家製造不少蒙騙觀眾的機會。在電腦程式中，這種視覺效果創造出《反斗奇兵》、《怪獸公司》、《俠盜獵車手》等出色的動畫，使平面的電視和銀幕有立體的效果。

在真實的生活環境中，視野是不可缺的，它有助我們知道自己身在何處、從哪裏來以及將往哪裏去，也是我們與上帝的使命結連的重要關鍵。自摩西領受呼召，生命經歷不少改變，視野的改變就是其中之一。摩西原是個目光短淺的人，他將自己困在不斷縮小的圓圈中打轉，備受混亂和恐懼的折磨，後來他從上帝更大的計劃中看到自己的位置，因此而得到解放，且能突破僵局，邁向成功；嶄新的視野讓摩西走出自憐的籠牢。視野好比上帝旨意的藍圖，每個人在其上都能找到那個宣告「閣下在此」的箭狀標記。

若果跟上帝作工的進程連結，能將我們的目光延伸至過去的事件和將來的應許，以致我們得見神行事的整全圖畫，那麼，與上帝的視野結連也是異曲同工，這讓我們看見使命中那橫跨宇宙、改變地球、重塑世界的一面。進程將我們指向上帝作工的深度，而視野則指向其闊度。使徒保羅催促以弗所信徒要緊緊抓住「基督的愛是何等長闊高深」(〈以弗所書〉3：18)，就是要擴張他們的視野。世界的熱情和能力於我們毫無幫助，除非我們具有正確的視野，即上帝的視野。對摩西而言，連於上帝的視野帶來三方面的轉變。

天上的眼睛

試想像，你在哪些活動或事情上與上帝的使命結連？跟朋友或同事談天，還是幫助有需要的人？

現在，透過相機的鏡頭來觀看自己，然後將鏡頭慢慢拉遠，首先你會看到附近的事物，接着是你的鄰舍，繼而是你的城市，那裏光影晃動，車水馬龍，道路蜿蜒，河流有如銀色絲帶。此刻，你居高臨下，城郊的風光盡入眼簾。最後，你看見浪濤撲擊大地邊緣，就是你腳下所站之地，直至浪濤慢慢被包圍地球的雲霧吞噬，地球繼續在軌迹上運行。你知道，手執相機的上帝就在你身旁。

現在，你對自己在神計劃中的位置有何感想？

我……不是

首先，摩西對上帝改觀了。他重新認識「我是自有永有」的神，瞥見祂的偉大和權能，以及祂對一切受造物的看顧。無可否認，出埃及故事的焦點是釋放奴隸，建立國家，並以律法和敬拜作為教導，可是，貫穿整個敍述是更寬闊的視野。上帝從不受限於某處地方或某個時刻，也不為某個民族所擁有。祂揀選以色列作為施恩的對象，表示以色列民屬於祂，而非神屬於他們。上帝的計劃不局限於拯救以色列民，埃及人以至天下萬邦同樣得見祂的榮耀。從前摩西透過小巧的鏡頭觀看上帝，如今他以闊銀幕來觀照這位慈愛創造主的全貌。

「我是自有永有」這句回話的背後，是一連串的「我不是……」。「我不是」一個地方神祇，被山頭困住，我的能力不像收音機接收訊號那樣，稍微遠離便會減弱。「我不是」眾神中的一位，故我不用像明星偶像那樣，與諸神比拚來爭取你的注意。「我不是」單單屬於希伯來民族的上帝，雖然我呼召他們，揀選他們，但埃及人以至全人類同樣會看見我的權柄。「我不是」受限於自己的能力，除非我願意，否則我的能力永不減退。「我不是」對法老的暴政視若無睹，也不是對受害者的呼喊充耳不聞。

因此，摩西明白到，他面前的上帝不是埃及人或米甸人所理解和供奉的神祇，祂不是異教的惡霸，利用百姓的恐懼和迷信迫使他們就範，獻上供物，也不是一個三流神祇，卻要極力裝出黑幫教父的威嚴形象。無論這次相遇的結果如何，摩西知道他正與掌管全地的主，也就是天地萬物的創造主和守護者、宇宙的統管者結連。摩西的岳父葉忒羅是米甸諸神的祭司，但《聖經》從無提及這些神祇的名字和能力。對上帝的救贖大計而言，祂們可謂全不入流。

葉提多（Timothy Yates）在《使命：進入上帝的未來》（*Mission: An Invitation to God's Future*）中斷言，這些「我不是」的宣告在基督的啟示裏乃屬真確，同時亦應以此來主導我們的使命。他寫道：「基督教信仰不能只是一個家族、一個部落的信仰，或是某個民族或國家的宗教，也不會是專屬男性的宗教，或者從屬於某政府或統治者的政治宗教。如果宗教發展至這些模式，基督教只會愈來愈畸形，最終變得面目全非。」[2]

全然委身於一己本分

其次，在上帝的掌管中，摩西看清自己的位分 —— 他有分於救贖計劃，但這計劃並非由他一人包辦而成。摩西作為上帝與希伯來人之間的中保角色漸次顯露，正好闡明他這個理解。上帝與摩西單獨見面，目的不限於他一人的好處；計劃的成果不單單屬於摩西，影響更是關乎全人類，且惠及千秋萬代。就在釋放奴隸之先，摩西已教導人民逾越節的規定，乃是「你們世世代代永遠的定例。」（〈出埃及記 12：14〉）當上帝頒布律法，他也懇切要求百姓「總要傳給你的子子孫孫」（〈申命記 4：9〉）。摩西深知他所參與的工作，不是一天甚至一生可以完成，他只是其中一環，緊扣着深遠的過去和遙遠的未來。換言之，他是有分於締造歷史的人。就像負責百家布其中一幅刺繡的織造者，摩西知道自己微小的力量將貢獻到上帝的宏大計劃中，並連結於那幅大圖畫。

已故的阿姆斯特丹自由大學藝術史教授漢斯．魯馬克（Hans Rookmaaker），大概是二十世紀最具影響力的基督徒藝術評論家，著有《現代藝術與西方文化之死》。早在成年初期，他已經認定在生活及文化各個領域中，都有神的信息，於是他自告奮勇，要探討神在藝術領域的心意，因為當時尚未有基督徒走上這條路。以深邃的智慧、急性子和熱愛傳統美國爵士樂而聞名的魯馬克，在歐洲培育了整整一代的藝術家和藝術愛好者，人們亦經常將他與福音派神學家弗朗西斯．薛華夫婦（Edith & Francis Schaeffer）和庇蔭所運動（L'Abri Movement）相提並論。他的影響遠超於他有生之年，而他也有這份自覺。若問是什麼推動他要在藝術領域尋找基督信仰的視野，他總是如此回答：「我作的不是為了我們這一代人，也不是我兒子那一輩，而是為我的子子孫孫。」[3]

魯馬克明白，十九至二十世紀基督教從藝術世界引退的情況過於偏激，要彌補的範圍也實在太大，單靠一個教授和他的學生去扭轉乾坤，未免勢孤力弱。但他深知上帝呼召他去撒種，且在他有生之年也不會看見成果，因此，他必須從上帝的作為這個更寬廣的角度來看自己的呼召和志向，才得見意義。他要尋找自己的位置，至於整幅藍圖，就留給上帝。

你的亞倫在哪？

本書如何讓你對神的旨意有更深徹的了解？上帝差遣誰來幫助你？你認為哪些人有助你連於上帝的使命呢？你會怎樣培養這些關係？這會如何改變你的選擇和人生優次？

由個人成功到意義為重

再者，摩西發現視野會改變他個人的計劃和期望。沒有視野的人很容易墮入一個危機：把歷史當成動作短片，以為自己是當中的英雄，一切情節皆環繞他和所扮演的角色而發展，所以，一切難題的答案和解決方法都會在短片結束前出現；結果，沒有即時的回報，他們就不作出投資，成果若不由自己收割，他們就不撒種，這就是以成功為定向的人與看重意義的人之間最大的分別；要是只管追求個人成功，我們就會以一生的時日作為量度的基礎，心裏只想着看到、觸到和感受到自己辛勞的成果。

相反，如果我們看重的是深層意義，就會更明白影響的深廣度和它是如何成就。梵谷潦倒一生，死前只賣出兩幅畫作給他的弟弟，但梵谷是一個影響深遠的藝術家嗎？歷史評價、出版商和拍賣行會給你擲地有聲的答案。施洗約翰是一個成功的先知，還是一個具影響力的先知？馬丁．路德．金是成功的領袖，還是影響深遠的領袖？成功導向常會變成我們的主人，使我們遠離真正的豐盛。意義導向必須高瞻遠矚，容讓人把自己和一切投放到最重要的事情上，教生命更具視野。

既是如此，我們打算或期望為永恆的緣故做些什麼？這應許的未來在你現今的人生中又留下什麼記號呢？已故的薩爾瓦多大主教奧斯卡．羅梅洛（Oscar Romero）向他管理的一羣神父演說時，也強調視野的重要性。羅梅洛一生為貧苦大眾和受壓者發聲，最後殉道，他明白自己在上帝那個寬廣而帶應許的計劃中的位置。離世前不久，他說——

> 我們應該不時退後一步，從更長遠的角度去觀看事情。天國不只在我們能力所及以外，更在我們想像之外。我們的一生只能完成上帝鴻圖大業的一個小部分，而且永遠不會是全部，換句話說，天國永遠超越我們。
>
> 任何一個論述都不能道出它想表達的所有意思，一個禱告不能將我們的信仰徹底呈現，一次懺悔不會造就完美的人生，一次探訪無法帶來完全的復和，一個事工不能成就教會的使命，一連串的目標或方向也不能達成一切，這就是我們的光景。我們撒種，種子會發芽生長，於是我們灌溉，並深信指望不會落空；我們奠定基礎，這基礎需要後來者繼續傳承；我們準備酵母，任其發酵，果效遠超我們所能作的。
>
> 我們無法將全世界都扛在自己的肩頭，認清這一點，我們就能釋懷，這讓我們更專注做某些事情，並且可以做得不俗，即或不完整，但已是一個很好的開始，一個向前的步伐，一個讓主恩介入的機會，上帝會親自成就一切。
>
> 也許我們永遠看不到最終的結果，這就是創建者和工人的分別。我們是工人，不是創建者；是事奉者，而非彌賽亞，是未來的先知，而不是自己世代的先知。

有幾件事情，可以幫助我們重新得着從上帝而來的視野。

你注視什麼，就會變成什麼

> 你一直由電視餵養長大，以致你相信有一天自己會成為百萬富翁、影視巨星或搖滾天皇。然而，我們就是不會。
>
> 《搏擊會》

首先，讓我們反思現有的視野是怎樣形成的。

七十年代，美國花了約二億英磅與蘇聯合作進行「阿波羅－聯合號」試驗計劃。當美國太空總署官員被問到這項任務對科學研究及科技發展有何裨益時，他們坦白承認一點也沒有，他們表示，整個計劃只為讓美國人民能觀賞到比《星空奇遇記》更震撼的太空奇觀。為什麼美國太空總署會投資如此龐大的金額在一場美化了的宣傳秀上？因為他們深深明白到電視的威力 —— 它能模造人的視野。

無獨有偶，英國也有兩宗類似卻毫無關連的事件，證明美國並非惟一深受電視影響的國家。第一宗事件是一場史無前例的訴訟，話說一羣觀眾提出，英國廣播公司向每戶徵收一百一十二英鎊的電視牌照費用，實屬違法，案件呈交利物浦地方法院，在《歐洲人權公約》的條例之下審理，三十名原告全部來自低收入家庭，他們聲稱收看電視是一種基本的人權。

與此同時，一項以二百名家庭醫生為對象的調查顯示，愈來愈多人因為看電視而生病，這不是因身處輻射環境而致病，而是一種稱為「電視症候羣」（Telly Belly）的新綜合症狀 —— 當他們喜愛的肥皂劇主角染上什麼疾病，他們也會染上那種病。當《加冕街》（*Coronation Street*）的角色亞爾瑪·塞吉維克（Alma Sedgwick）死於子宮頸癌，全國要求接受子宮頸癌抹片測試的個案上升了兩倍。而《倫敦東區》（*EastEnders*）劇集中的消防員湯·班克斯（Tom Banks）被證實有腦腫瘤，到診所求診的個案也顯著上升，他們都因為頭痛而變得疑神疑鬼，又惶惶不可終日。超過九成被訪醫生表示，只要電視上提到疾病，他們的工作量就會大增，其中尤以肥皂劇的影響最為明顯。電視已經融入我們的生活，螢幕前的劇情與螢幕之外的真實人生，兩者的界線已經愈見模糊。不但如此，沒有電視的生活會被視為極度貧困，甚至是喪失基本人權。

引用這些事件，是要闡明一個古老的道理：你注視什麼，你就會被那東西塑造。在現今的文化中，電視機只是模造視野的力量之一，平面廣告、以至音樂和電台所傳遞的信息，影響力不遑多讓。最近，我發現英國每年花在製作電台廣告的費用，比電視廣告還要多，所以，你聽到的跟看到的一樣，都在塑造你。在舊約《聖經》中重覆出現反對崇拜偶像的誡命，原因如出一轍。目光聚焦在偶像身上，將注意力和諂媚奉承給他們，最後你會發現自己變得更像他們。相反，定睛於耶和華，你就會更像祂。你的焦點改變你的視野，最後也會改變你的期望和目標。

許多人擔心，視野這回事實在難以改變，我們怎能完全改變對世界的看法呢？但事實是，只要我們扎根於真理，花時間觀察和學習，注目於拯救主的身上，我們就能做得到。閱讀、研習、敬拜、禱告、默想、安靜、對話，這一切對聚焦於上帝皆有幫助。基督教信仰傳統中的屬靈操練，就是要使我們扎根於上帝的視野，以祂的目光來看自己，並透過祂的眼睛去觀看世界。

有一個簡單的問題，可以幫你評估自己的視野：你花最多時間看什麼和聽什麼？無論答案為何，你的心思大概離那裏不遠。

屬靈操練

屬靈操練跟辨識上帝的計劃和旨意有莫大關聯。利用三個月時間，研讀傅士德（Richard Foster）的《屬靈操練禮讚》[4]（*Celebration of Discipline*）。若你已讀過此書，請再細閱一遍，並反思如何在生活中實踐這些屬靈操練。

祂的榮耀——比我呼吸的空氣更大

> 如果我們不探索、洞悉、投入、默想、接納、熱愛上帝的奧祕——就是那個環繞我們、如同太空的流星深深吸引我們的惟一真理，我們存活在世上還有什意義？
>
> *卡羅．加勒度*[5]（*Carlo Carretto*）

第二，我們可以擴闊上帝使命的圖畫。

上帝多次挑戰摩西擴闊視野，而祂對歷代的以色列人也發出同樣的挑戰，但這往往讓人落入一個誤解——上帝揀選以色列是祂計劃的全部和最終的陳述；上帝揀選我們，這已經很足夠了吧。然而，即或在〈出埃及記〉中，這觀點也備受質疑。拯救以色列人不是終點，乃要藉此彰顯神更大的榮耀；這是為全世界的好處，也為祂創造主之名的緣故。上帝的目光落在萬國之上，雖然祂只揀選一國來服侍祂。

有一個古老的哈西德猶太故事。當上帝將以色列百姓從埃及人的手中釋放出來，而埃及軍隊都被淹死在紅海，天堂舉行了一場盛大的慶祝活動，天使都在歡呼、跳舞，為上帝的勝利欣喜若狂，每一個都充滿喜樂。然後，一個天使發現上帝沒有出席這個派對，就向天使長米迦勒查問：「上帝在哪裏？為什麼祂不來慶祝？」米迦勒回答說：「祂不在這兒，因為祂想自己一個好好哭一場，你也知道，今天祂成千上萬的孩子都淹死了。」

你是否認為上帝的救贖只與你有關，對其他人毫無意義？你的上帝只是為你的種族和文化而存在嗎？你所服侍的是小圈子的上帝，還是世界之主？

美國福音派學者羅拔．韋伯（Robert Webber）在這方面有很深刻的體會。他一直認為救贖是關乎個人的事，但最近他將目光拉闊，就像相機調校至全景模式，更全面去理解基督的勝利。他解釋道——

> 基督教信仰的關鍵乃在於耶穌基督的救贖工作，一旦我們能夠抓緊其中的意義，其他與信仰相關的事就能夠拼合成一幅完整的圖畫。
>
> 自我有記憶以來，我被告知基督乃信仰的基石，然而，當我仔細思考過去的教導，就發現基督的重要性往往只放在個人救贖的層面，僅此而已；但透過研習早期基督教的傳統，我看見自己的信仰觀極其有限，這不代表我的信仰不純正，而是我尚未明白基督的國度是何等長闊高深，包容是何等的大。
>
> 當我發現基督的世界性和宇宙性，我就學會從基督的角度來觀看世界，並能開啟那個蘊藏屬靈寶藏的密室。[6]

尚欠二百萬——具視野的生活模式

> 領我們脱離虛幻，走進真實；
> 領我們走出黑暗，步進光明；
> 領我們離開死亡，進入永生。
>
> *源自印度的禱文*

第三，我們可以追求以上帝賦予的視野作為根基的生命和生活方式。

紐約一份著名報章曾刊登一篇專訪，受訪者是一名星級棒球員的妻子，她的丈夫效力紐約洋基隊，並剛以八百九十萬美元的身價續約，不過，還在商討合約時，他曾一度拒絕簽約，他希望球隊能將續約費增至九百一十萬美元—— 洋基隊對手所開出的條件。然而，球隊不肯讓步，最後這名球星還是續了約。這位女士談到丈夫帶着這消息回家那天的情景：「他剛踏進家門，我就知道他並未成功游説洋基隊『加碼』，他覺得被拒絕，那可是我們夫婦倆生命中最艱難的時刻之一。」

如果我們缺少了上帝的視野，一切的決定只會建基於妄想和虛幻，許多時，我們會高估自己的重要性，誇大自己的權利、錯估自己的需要，相反，別人的重要性、權利、需要，我們卻視而不見。惟有將生命重新轉向上帝的視野，才不至被扭曲。馬克．夏卡爾（Marc Chagall）的畫作色彩斑斕，熱情洋溢，他能將二十世紀初活力充沛的巴黎生活一一捕捉到畫布上，主題多取材自夢境片段，而人物和符號則浮現在天馬行空的場景之中，但畫作中最根本的素材仍是現實世界。談到他如何評鑑畫作的價值，他説：「每件作品完成時，我總會將畫作和一些上帝創造之物放在一起，例如石頭、花朵、樹枝或我的手掌，來個最後測試。如果畫作擺在這些事物旁邊，仍站得住腳，那才稱得上是真正有價值的作品。要是兩者看起來互不協調，甚至水火不容，那肯定是劣質的藝術作品。」夏卡爾明白，惟有以真實的視野作為對照，才能判別作品的質素；對他來説，那就是大自然的見證。

你用什麼視野作為對照，來判別自己所作的決定和所選擇的生活模式呢？你心中可有上帝使命的藍圖，助你作出真實的評估？以下三個問題或許可以幫助你——

- 我現在的決定如何影響上帝在世界的名聲？
- 這個決定當中，貧窮人是否被納入為考慮之一？
- 「我」是這個決定最重要和最優先的考慮，還是只屬其中一個因素？

具備視野的生命，會懂得欣賞、探索、享受和參與上帝在世界的作為。上帝使命的全貌，你看到了多少？你常常察覺到上帝在作工嗎？你常會為上帝的使命而延遲自己的選擇嗎？當你這樣做，你的人生抉擇看起來有多真實？

為了上帝的使命，作曲家麥特‧瑞德曼（Matt Redman）嘗試改變自己的視野和選擇，特別在帶領敬拜方面，他就此作出回應：「最近我在這方面受到多方的質疑。我是一個帶領敬拜的人，但敬拜不是單單關於音樂，既然如此，為何我只用音樂來進行敬拜呢？為何在接觸困苦無依者時，我總是落在人後呢？我渴望能成為別人的榜樣，做一個不只透過嘴唇，更是透過生命來敬拜上帝的敬拜者。」[7]

除非你連結於上帝的視野，否則你無法長久地與祂的目標或能力結連，一己的野心和期望、紛擾耳目的信息，終究會如磁石般吸引着你內心的指南針；除非將上帝的價值觀內化成為你人生取向的依歸，否則你會漠視上帝呼召的重要性；除非上帝的使命在你指南針的正北方，否則你難以發現其他呼聲的空洞。如果你一直難以跟上帝的旨意和能力結連，你必須花一點時間，與祂的視野重新連結。

訓練你的眼睛去跟從祂的帶領，並讓你的心緊隨其後。

踏出第一步

在那個看似遙遠的應許、計劃和旨意中，有什麼是你在本週完結時能完成的一小步呢？即使那只是很小的一步，也要盡力完成。

1 Os Guinness, *The Call*, 65.

2 Timothy Yates, Ed, *Mission: An Invitation to God's Future* (Sheffield: Cliff College, 2000).

3 Hans Rookmaaker, *Modern Art and the Death of a Culture* (Wheaton: Crossway Books, 1994).

4 Richard Foster, *Celebration of Discipline* (New York: Harper and Row, 1990).

5 Carlo Carretto, *Letters from the Desert* (New York: Orbis Books, 1982).

6 Robert Webber, *Ancient Future Faith: Evangelicalism for a Postmodern World* (Grand Rapids: Baker Book House, 1999), 39, 43.

7 Matt Redman, *The Unquenchable Worshipper* (East Sussex: Kingsway, 2001).

實踐：將自己在使命中的角色，連接於更寬闊的歷史視野，並在上帝應許的計劃中找到自己的位置。

- 用闊銀幕的角度去思考上帝使命的宏觀圖畫——神從古到今以至未來救贖的全貌；再用小螢幕的角度去微觀你在祂計劃中的那個部分。那一個影像較清晰？如何使朦朧的影像變得清晰？
- 添．傑弗里（T. Jeffrey）和史蒂夫．喬克（S. Chalke）在《連結！》（*Connect !*）一書中提出，廿一世紀教會發展的方向是要成為胸懷普世的信徒（Global Christian），並作普世教會（Global Church）的一員，為上帝的普世使命（Global Mission）共同努力。你同意嗎？這對你意味着什麼？
- 你的視野被什麼扭曲了？金錢對你有很大影響力嗎？什麼會使你分心或誤導你？如何減少這些負面影響？
- 要是上帝開聲跟你説話，你認為祂是操什麼口音？
- 如果你是上帝旨意的其中一環，那你是跟誰連結？哪些關係有助你參與在上帝的計劃中？你有否培養這些關係？
- 許多人把上帝的使命看得太狹窄，認為那只是關乎人信主或照顧窮人。你是否也忽略了上帝的使命比你所想的更闊更廣？將使命想像為一個海景，當你放眼遠望，你看到海的中央是什麼？近岸又是什麼？

玖｜連於上帝

熱情、地方、目標、能力、進程、視野，這六個向度有助你跟上帝的使命連結起來，但這不是一蹴而就的成果，而是要努力一輩子的功夫。即使到最後，也沒有人能自誇已經完完全全跟上帝結連，只能說我比昔日更貼近上帝。

我的電腦視窗作業系統有一項新功能 —— 系統還原，這功能可以回到某個特定時刻被記錄在電腦的記憶分布和系統設定，如果某天系統失靈，（這通常發生在凌晨三時，電腦屏幕會彈出視窗，問：「你確定要這樣做嗎？」而我就傻呼呼的按下「確定」。）我便可以選擇回到從前的狀態。電腦本身能夠將當前和過去兩星期甚或兩個月的狀態作一比較。

如果你的生命也有一個「系統還原點」，你想改變什麼？回望過去一年，那時和如今的你有何分別？

- 你對上帝的呼召更加熱切，抑或變得冷漠？在日常生活中，你更多還是更少聽到和看見上帝的熱情？
- 相比一年前，你對上帝臨到你所在之地，以及祂呼召你前往的地方，有更強烈的感受，還是只有微弱的意識？

- 你對上帝的旨意更加清晰，還是更為模糊？你愈來愈靠近上帝的旨意，還是漸行漸遠？
- 你比以往更多依靠上帝的大能，還是更少？
- 你愈發察覺到上帝那隱藏的恩典，還是每況愈下？過去的事已沒那麼容易令你落入困境，還是老被這些影響？你對未來的遠景是否更加具體？
- 你的生命和生活模式是否益發被上帝廣闊的視野所模造？在你眼中，上帝的使命是更廣闊，還是一樣的狹窄？過去一年你所作的重大決定，例如投資、事業發展、人生抉擇等，有多少能反映出上帝的視野，並使你更投入祂的計劃中？

這些問題旨在説明，你的目標是一個向前邁進的過程，而非終點站，無論你前進的速度有多緩慢，方向才是最關鍵。認真探索這些問題，對你有兩方面的幫助。

首先，與上帝的使命結連，能給你一個普世的視點。如果你所有或大部分的回應都是否定的話，那反映你正遠離上帝。基督徒的成長正是這樣，大多數人是以一連串細小而不易察覺的步幅，逐漸遠離上帝的旨意。同樣地，那些懷抱上帝旨意的人也是在許多選擇和改變當中，走近上帝，縱然他們覆蓋的路程很短。要是你大部分答案都是正面，那證明你正在向前邁進，或許會比你預期緩慢，有時甚至令人氣餒，但你的而且確在進步當中。

迪士尼的《白雪公主》動畫最原初的版本，有一個生動而富戲劇性的場景。英俊的王子正在前往堡壘，要尋找那個沉沉睡去的公主，只要情深一吻，王子從此便得到幸福；但在此之前，他必須披荊斬棘，除去長在堡壘四周互相盤纏、狀甚可怕的荊棘，方能進入堡壘。這位英雄的寶劍一出，就劈向荊棘，有些更粗壯如他的手臂。縱然前路十分困難，他仍堅定不移，最終也能及時趕上，拯救公主。試想像你生命的光景。躺在城堡中沉睡的，就是上帝按祂的旨意賜給你的無價應許。你要做的，就是與上帝結連。不過，要抵達城堡，你必須除掉路上的荊棘，撫心自問，你的表現如何？你比從前更接近自己的目標，還是愈走愈遠？拿起你的寶劍，猛力揮下去。

此外，這些問題有助你掌握哪些荊棘最為粗壯。如果你在好些方面的回應是正面，某些卻不然，那你便知道要在什麼地方下苦功了。六個向度之中，哪些地方可以成為你穿越人生旅途的大門？回到這些地方，反思生命，看看那是否與從上帝旨意而來的理解相違背，有什麼具體行動可以更貼近祂的旨意，還要辨別什麼時候在什麼地方如何作出行動。

當我進行這項「系統還原」練習，我看見進步和挫敗。與一年前相比，我對上帝旨意的熱切絲毫沒有減退，對祂在我生命中的計劃有更強烈的意識，不少粗壯的荊棘已被刻意除掉。不過，在行事步伐和視野這兩方面，我仍然被根深柢固的習慣所阻礙。我清楚知道在三至四個範疇上，我得好好認清和處理問題。此外，我發覺在許多決定和選擇上，我都將「自我」放到中心點，嘴唇說要尋求服侍上帝，卻因追逐私利而感到內疚，也害怕捨己的決定會帶來不安。當然，這並非練習的全部結論，不過足以說明，我必須作出改變，並且知道在未來要怎樣行動，這樣，我就更有信心的說：十二個月之後，我會比現在更貼近、更緊扣於上帝的使命。

下一步

閱讀本書時你有什麼感受？想到一些夢想或異象嗎？有否記起從前的應許或美好的旨意？寫下這些想法和感受，放進信封，請朋友幫忙在一年之後寄回給你。

葡萄樹就是天國

在新約《聖經》中，耶穌說了一個比喻，有助我們了解摩西的呼召。耶穌形容跟隨祂的人是葡萄樹的枝子。在這段經常被引用的經文〈約翰福音〉15：1-8，耶穌說：「我是葡萄樹，你們是枝子。」經文的核心是兩個重覆出現的吩咐：「在我裏面」和「多結果子」。雖然句子結構不同，令用字也有差異，但總的來說，在八節經文中共出現了八次「在裏面」，而「果子」和「多結果子」就有七次。

當我們仔細思想葡萄樹的生長情況，便會發現，「在我裏面」和「多結果子」兩個吩咐之間有一種強大的張力，形成了兩股相等但相反的動力。

「在裏面」就是要緊靠根源，這要求我們緊緊抓住生命的源頭，從上帝支取力量，好能面對內心的需要，並將注意力放到個人培育和成長；「在我裏面」呼召人進來，「結果子」則是差派人出去。果子長得太接近根部，容易變壞，所以葡萄樹最好的果子都是在枝子的盡處，因為那裏有充沛的陽光和空氣。當一股力量把枝子往地裏拉，令枝子連於根部，另一股力量就將枝子向外推展，使之不斷生長，這就是葡萄樹特別之處。葡萄園的農夫還會築起長長的柵欄狀圍網，使葡萄樹能充分伸展，健康成長。

耶穌的比喻正是要表明這兩股相等卻相反的力量。我們被拉向基督的一方，在祂裏面得着餵養和力量，心思意念也獲得更新，並完全浸淫在祂的愛裏；與此同時，我們要向世界伸展，就是那個緊連於上帝的旨意、並生出果子的地方。這股張力使我們經常保持與上帝的使命結連。在接受造就與成就旨意之間，得着與付出之間，着重內在更新與強調救贖世人之間，我們被拉扯着。因此，我們不能斷言拯救原是向內或是對外的行動，因為兩者皆是；同樣，寬恕不是單單的付出或者純粹的接受，而是兩者交織而來的成果。如此，上帝的平安是由你接收，還是藉你送出？兩者皆是。

連結於上帝的熱情、旨意、能力，對你是否有所裨益？是！

對他人也有益處嗎？有！

上帝在你生命中作工，是要改變你嗎？是！

祂這樣做也是為了改變世界嗎？是！

與上帝結連的生命有內外兩個面向，是不能分割的。我們被召要同時「在裏面」和「結果子」，留下來和往外走；我們是祭司，也是先知，是馬大，也是馬利亞，是彼得，也是保羅。要是我們只顧留下來，便不會結出果子，若將時間和心力都投向內心，我們很快便會發現世界不曾改變；相反，如果我們只想着結果子，老是向外看而忽略了生命的成長，這仍是無法結出好果子的；與當下的文化結連，卻跟上帝脱軌，將會一無所獲。空洞的行動主義和枯燥乏味的中間路線，都是沒有價值的。無論你是被召將自己深深埋進當下的文化，與基督保持連繫仍是十分重要；即使你徹底浸淫在基督裏，跟你的文化和處境保持結連同樣關鍵。

這是上帝為我們安排的位置，就是在那個「當下但未完成」的計劃中。在救贖的確據與墮落的現實之間，我們被拉扯着，塑造我們生命的，是上帝的應許，也藉魔鬼的臨在，我們既剛強，也軟弱，既順服，也叛逆，被召卻膽怯。像摩西一樣，我們被捲進上帝旨意的旋風中，被一己渺小的意念所纏擾，我們力求在這個世代找到立足點，也極力讓上帝緊握我們的手。然而，上帝微聲説道：「你可以跟我結連！」

基督信仰最奇妙之處在於——帶着自身的軟弱和墮落，在敵視又無益的文化中，被困於過去的習慣，受慾望和安舒感所驅使，還有踏出每一步所帶來的恐懼，即或如此，跟創造主結連仍是可能的。無論我們的世代如何混亂，接通上帝的旨意，並明白我們的生命都是匯聚到一個計劃，成為一個樂章，這些都是可能的。

這就是神蹟中的神蹟。上帝有一個計劃，而你有分參與其中。尋找自己的位置，與上帝結連，你是為此而被造的。

閱讀閣

如果你渴望知道如何進入上帝的使命，試着閱讀有關這課題的好書。史釗活．賓治民的《呼召》（Stuart Buchanan, *On Call*）有助了解和反思全職服侍的呼召；戴夫．韋斯歷克的《向上流動》（Dave Westlake, *Upwardly Mobile*）是關於公義和貧窮人的上佳之選，而添．傑弗里和史蒂夫．喬克的《連結！》則是探討在變幻的世界中如何理解上帝的使命。

感謝您選了這本書，閱讀以後，
您有沒有一些啟發，一些感想？我們期望您的聲音。
請登上 **www.btproduct.com/book**，
在「讀者回應卡」頁面內填寫。謝謝。

最新書目

書名	版次	作者
生命逆轉 —— 聖經人物的第二曲線人生（增訂版）	2 版 1 刷	梁永泰
結連，一輩子	初版 1 刷	謝拉．凱利等著、蕭俊傑、李秀芳譯
出發，為了歸來！	初版 1 刷	李錦洪
世代．跨界 —— 遇見青春的一課	初版 1 刷	李錦洪
我愛丁堡	初版 1 刷	任志強
Faith 一般的信 —— 寄天國的生命師傅	初版 1 刷	范晉豪
不要弄污大佬的西裝	初版 1 刷	陳競存
超時空教會 —— 基督新教冷知識	初版 1 刷	區伯平
上帝在中國 —— 基督教來華冷知識	初版 1 刷	區伯平
耶穌冷知識	初版 1 刷	區伯平
聖經冷知識	初版 2 刷	區伯平
看上帝幹的好事！—— 揭開苦罪之謎	初版 2 刷	羅素．史丹勒著、何力高譯
揭開上帝之謎	初版 3 刷	羅素．史丹勒著、何力高譯